ACERCA DE LA NATURALEZA DE DIOS

HERMENEIA

143

Colección dirigida por
Miguel García Baró

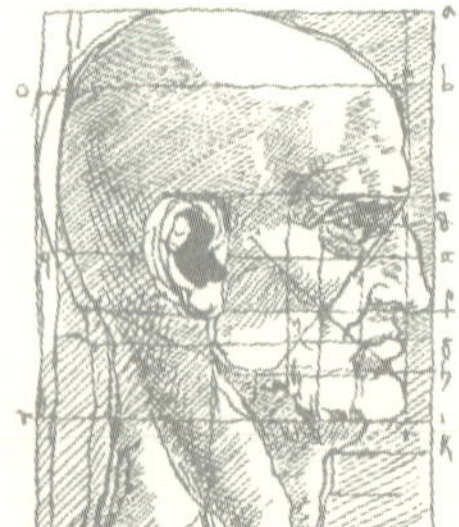

ISAAC DE STELLA

ACERCA DE LA NATURALEZA DE DIOS

NUEVE SERMONES

Edición a cargo de
EDUARDO OTERO PEREIRA

EDICIONES SÍGUEME
SALAMANCA
2025

Traducción sobre los originales latinos, introducción y notas
de Eduardo Otero Pereira

C/ García Tejado, 23-27 - E-37007 Salamanca / España
Tlf.: (+34) 923 218 203 - ediciones@sigueme.es
www.sigueme.es

ISBN: 978-84-301-2254-7
Depósito legal: S. 137-2025
Impreso en España / Unión Europea
Imprenta Kadmos, Salamanca

CONTENIDO

INTRODUCCIÓN

El siglo XII fue un periodo admirable para la historia del pensamiento. En esta época de crecimiento demográfico y desarrollo urbano, florecieron numerosas escuelas vinculadas a las catedrales y a las abadías de canónigos regulares como anticipo de las universidades que surgirían un siglo después. Especialmente célebres fueron las escuelas de Chartres y de la parisina abadía de San Víctor. En la primera estuvieron activos, entre otros, Bernardo de Chartres, Gilberto de la Porrée, Thierry de Chartres, Guillermo de Conches, Bernardo Silvestre y Juan de Salisbury. Característica esencial de esta escuela es el influjo de la filosofía platónica recibido a través de san Agustín, de Boecio y de la traducción latina del *Timeo* de Platón realizada en el siglo IV por Calcidio. En la otra gran escuela del siglo XII, la abadía parisina de canónigos regulares de San Víctor, destacaron figuras como Hugo y Ricardo de San Víctor.

A la vez que surgían y florecían las escuelas catedralicias, el movimiento monástico se iba renovando. Así nació la orden del Císter. San Bernardo de Claraval fue la figura central de esta reforma. De él se afirma a menudo que era enemigo de ciertas formas de especulación filosófica, como las seguidas por Abelardo o por Gilberto de la Porrée. No en vano, a Bernardo se atribuye el dicho de que es más fácil hallar a Dios en el bosque que en los libros, y que se aprende más de las piedras y los árboles que de los maestros.

En realidad, esta oposición entre filosofía especulativa y espiritualidad monástica debe ser relativizada, puesto que el propio abad de Claraval tuvo una buena relación con autores tan especulativos como Hugo de San Víctor y Pedro Lombardo. Además, hubo pensadores cistercienses que se formaron en escuelas, como Guerric de Igny, maestros de escuelas que acabaron siendo monjes cistercienses, como Thierry de Chartres y Alain de Lille[1]. Pues bien, un autor en quien confluyen con igual fuerza ambas tradiciones, la filosófica y la monástica, ese es sin duda Isaac de Stella.

Tanto la figura como la obra de Isaac seguían siendo bastante desconocidas a mediados del siglo XX. De hecho, incluso en 1955 Louis Bouyer lo califica como el «gran misterio de Cîteaux»[2]. A partir de la edición del primer volumen de sus sermones en la colección *Sources Chrétiennes* el año 1967, su biografía y sus escritos empezaron a suscitar el interés de los investigadores, que se mantiene vivo hasta el presente[3].

1. Isaac de Stella, su vida

La biografía de nuestro autor plantea más interrogantes que certidumbres. Lo único que parece claro es que era inglés[4], que había recibido una sólida educación filosófico-teológica, que en 1147 fue abad del monasterio de l'Étoile y que en algún momento de su vida se retiró a vivir en una isla situada en medio del océano[5].

No conocemos la fecha de su nacimiento ni de su muerte, ignoramos cuándo y en qué contexto se trasladó a Francia. Tampoco sabemos nada acera de su formación, qué escuelas visitó, cuáles fueron los maestros gracias a los cuales adquirió una

1. McGinn, *Isaac of Stella. Sermons on the Christian Year* I, XIV.
2. *La spiritualité de Cîteaux*, 195.
3. De entre los estudios acerca de Isaac y su obra destaca la monografía de Bernard McGinn, *The Golden Chain*, publicada en 1972 y centrada en la antropología de Isaac; también es de interés la de Wolfgang Buchmüller, *Isaak von Stella: monastische Theologie im Dialog mit dem Neo-Platonismus des 12. Jahrhunderts*, publicada en 2016, que aborda exhaustivamente la vida de Isaac, su pensamiento, su relación con la filosofía de la época y su influencia posterior.
4. *Epistula de canone missae* 23bis: «Ojalá no fuera inglés o bien o no hubiera visto nunca ingleses en el lugar en el que vivo como extranjero».
5. Por ejemplo, el *sermo* 27, 1: «Hemos descendido a esta isla, la última de todas las tierras, después de la cual, como dice el profeta (Is 16, 2), no hay otra; una isla pequeña y oculta en el mar inmenso, para ascender a Jerusalén».

sólida formación literaria y filosófica. Ignoramos, por último, cuándo y en qué circunstancias entró en el Císter[6].

Isaac nació, pues, en algún lugar de Inglaterra a comienzos del siglo XII en una fecha desconocida. Él mismo afirma que frecuentó a los maestros más célebres de su tiempo[7]. Estos maestros enseñaban en alguna de las grandes escuelas del norte de Francia. Es muy probable, en consecuencia, que adquiriera su vasta cultura filosófico-teológica en alguna escuela francesa[8]. Tampoco conocemos en qué momento ni dónde se convirtió en monje; quizá en l'Étoile o en Pontigny[9].

La abadía de l'Étoile, fundada en 1124 dentro del territorio de la diócesis de Poitiers, adoptó en 1145 la norma de vida cisterciense bajo la tutela de la casa madre de Pontigny. Sabemos que ya en 1147 Isaac era abad de la nueva fundación; también que en 1167 seguía al frente de la abadía, pero que en 1169 ya tenía sucesor[10]. Por ello es probable que falleciera entre las dos primeras fechas. Raciti, sin embargo, retrasa la fecha de su muerte, porque considera que su estancia en la isla de Ré es posterior a 1167.

6. Los estudios modernos sobre la biografía de Isaac empezaron en 1904 con F. Bliemetzrieder y continuaron en 1959 con J. Debray-Mulatier. De los años siguientes datan los estudios de Gaetano Raciti, a quien sigue en lo fundamental Gaston Salet en la introducción al primer volumen de los sermones, publicado en 1967. Recientemente, Elias Dietz se ha ocupado de la vida de Isaac en la introducción a la edición de la *Epistula de canone missae*, aparecida en 2022, volumen que también recoge la edición de la *Epistula de anima* preparada por Catarina Tarlazzi.

7. *Sermo* 48, 5-6: «Surgieron en aquella época ciertas personas cuyos nombres omito, hombres de notable inteligencia y de admirable habilidad (...). Nosotros los seguimos porque el mundo los seguía».

8. Raciti se atreve a identificar a estos maestros: Pedro Abelardo y Gilbert de la Porrée. Isaac habría llegado a Poitiers, en cuya diócesis se encuentra el monasterio de l'Étoile, siguiendo a Gilbert de la Porrée cuando fue nombrado obispo de esta diócesis (*Isaac de l'Étoile et son temps*, 296-306). En opinion de Bliemetzrieder, Isaac se habría formado en alguna escuela inglesa, sin descartar la posibilidad de que asistiera a las lecciones de algún maestro francés durante un breve periodo de su vida. Quizá habría sido clérigo junto al arzobispo Teobaldo de Canterbury hasta 1145, fecha en que abandonó Inglaterra antes de convertirse en abad de l'Étoile en 1147 (Bliemetzrieder, *Beiträge*, 22).

9. Algunos consideran que Isaac se hizo monje en Cîteaux (Bliemetzrieder, *Beiträge*, 22; Debray-Mulatier, *Biographie*, 185). Por su parte, Raciti sostiene que habría tomado el hábito cisterciense directamente en l'Étoile (*Isaac de l'Étoile et son temps*, 304-305); no obstante, en una publicación posterior se decanta por Pontigny (*Isaac de l'Étoile*, en *Dictionnaire de spiritualité*, col. 2012).

10. Dietz, *Cuando el exilio es hogar*, 70.

La fundación de una abadía en Ré, isla situada en la costa atlántica francesa a la altura de La Rochelle, se habría producido, según Dietz, en tres etapas[11]. En la primera, Eblo de Mauléon habría donado a dos abades, Isaac de l'Étoile y Jean de Trizay, un terreno llamado *Brueil de Castellario*[12]. Al realizarse la fundación sin respetar la normativa cisterciense, el propio Eblo de Mauléon, en una segunda etapa, habría donado al abad de Pontigny y a su capítulo lo que antes concedió a Isaac y a Jean de Trizay[13]. Por último, el donante habría renovado y aumentado su legado en presencia del propio abad de Pontigny y de Isaac y Juan como testigos[14]. No conocemos la fecha de la donación, puesto que los documentos están sin datar, pero sabemos que el abad de Pontigny, a quien se dirige Eblo, era Guichard y que lo fue hasta que en 1165 pasó a ser arzobispo de Lyon.

Tampoco sabemos cuánto tiempo vivió Isaac en la isla. En la documentación de la abadía de l'Étoile consta como abad ininterrumpidamente desde 1147 hasta 1167, lo cual parece indicar que estaría poco tiempo en Ré, tal vez unos meses[15]. Raciti, por su parte, considera que su estancia en la isla se extendió desde 1167 y hasta su fallecimiento hacia 1178.

Algunos estudiosos han querido relacionar la fundación del monasterio en la isla de Ré con el conflicto entre Thomas Becket y el rey del Inglaterra Enrique II debido a los presuntos lazos de amistad que habrían unido a Isaac con Thomas Becket. En efecto, en 1164 John Bellesmains, también inglés y en aquel momento obispo de Poitiers, escribe una carta a Thomas Becket en la que le exhorta a iniciar una relación de familiaridad con el abad de Pontigny; asegura que, para ello, tanto él como su amigo común Isaac, abad de l'Étoile, han mediado para que la co-

11. *Ibid.*, 72.

12. Debray-Mulatier, *Biographie*, 195-196. Este es el documento gracias al cual Bliemetzrieder llegó a la conclusión de que la misteriosa isla debía de ser Ré (*Beiträge*, 16-20).

13. Debray-Mulatier, *Biographie*, 195-197.

14. *Ibid.*, 197-198.

15. Bliemetzrieder considera que la estancia de Isaac en Ré se produjo hacia 1151 (*Beiträge*, 22-23), mientras que Debray-Mulatier la sitúa hacia 1156 (*Biographie*, 191-193).

munidad de Pontigny tenga su causa presente en sus oraciones. Bellesmains afirma además que la abadía Pontigny se encuentra preparada para servir a la causa de Becket incluso con bienes materiales si fuera necesario[16].

Este documento ha llevado a algunos a pensar que Isaac de Stella participó de manera activa en la defensa de la causa de Thomas Becket. En consecuencia, una vez que la orden cisterciense, ante las presiones del rey de Inglaterra, decidió no prestar apoyo al arzobispo de Canterbury, los cistercienses que sí lo apoyaron habrían sido víctimas de represalias por parte de la Orden. En este sentido, la presencia de Isaac en la isla de Ré habría sido un exilio forzado. Si tenemos en cuenta que Thomas Becket vivió en Pontigny entre 1164 y 1166, las represalias contra los protectores de Thomas Becket tendrían que haber sido posteriores a 1166[17]. Y, como hemos dicho, en 1167 Isaac aparece por última vez como abad de l'Étoile[18].

2. Isaac de Stella, su obra

1. *Sermones*

De Isaac de Stella conservamos cincuenta y cinco sermones, ordenados según el año litúrgico. El sermón 55 fue descubierto por Jean Leclerq en 1964 en la abadía de Santa Escolástica de Subiaco. La colección no está completa, puesto que faltan los sermones para el Adviento y los de Navidad hasta la Epifanía, además de los pronunciados en otras fiestas de gran importancia, como el Domingo de Ramos o la Anunciación.

Resulta muy difícil establecer la datación de estos textos. Todo lo más, podemos conjeturar una cronología a partir de la da-

16. McGinn, *The Golden Chain*, 38.

17. Raciti, *Isaac de l'Étoile et son temps*, 135-145, también *Isaac de l'Étoile*, col. 2012-2013.

18. Dietz, *Cuando el exilio es hogar*, 77-79, no comparte dicha teoría y considera que esta única mención de Isaac no basta para probar que este jugara un papel tan decisivo en el apoyo a Becket como para ser víctima de tal represalia. Véase también Gastaldelli, *Tradizione e sviluppo*, 341-345, donde refuta la teoría que inculpa a Geoffrey de Auxerre de haber causado el presunto exilio de Isaac.

tación de sus otras dos obras. Así, Catarina Tarlazzi considera que la *Epistula de anima* reelabora un material que ya se encuentra presente en algunos de los sermones. Al proponer para la *Epistula de anima* la fecha de 1162 como probable, los sermones habrán de ser, en consecuencia, anteriores[19]. Diferente es la opinión de Buchmüller, quien considera que los sermones fueron escritos en la isla de Ré entre los años 1167 y 1175[20].

Individualmente, los sermones constituyen pequeños tratados filosófico-teológicos. Así, los cinco primeros, que comentan las bienaventuranzas (Mt 5, 1-19), abordan las fases de la vida espiritual. Los sermones 7-15 tratan del pecado original y del regreso del hombre a Dios. Los sermones 27-29 son un tratado de teología ascética. Los sermones 33-37 comentan el episodio de la cananea (Mt 15, 21-28) y tratan el tema de la predestinación. El sermón 48 es una apología del propio autor; en tanto que el número 50 contiene una apología de la forma de vida cisterciense. Pero quizá sean los sermones 18-26 donde el pensamiento especulativo de Isaac alcanza sus cumbres más altas.

No sabemos si los sermones fueron predicados alguna vez y menos aún en la forma como nos han llegado. De ser así, más tarde tuvieron que ser reelaborados y embellecidos. En efecto, basta leer el sermón 24 para constatar que no resulta verosímil que los monjes, después de realizar un trabajo exigente, fueran capaces de seguir los profundos razonamientos de Isaac mientras reposan a la sombra de una encina (*serm.* 24, 1). Asimismo, tampoco podemos estar seguros de que los pasajes en los que Isaac dice que él y su comunidad se encuentran en una isla apartada en el océano muestren hechos históricos. ¿No podríamos estar aquí ante una bella ficción poética?

19. *Lettre sur l'âme. Lettre sur le canon de la messe*, 57-60.

20. Para la cronología de los sermones, cf. Buchmüller, *Isaak von Étoile. Monastische Theologie*, 161-162. De este modo resuelve Buchmüller la duda sobre si Isaac pudo haber leído la traducción de Juan Sarraceno del *De divinis nominibus* del pseudo Dionisio Areopagita. De hecho, desde el punto de vista cronológico habría sido posible, pues la versión vio la luz hacia 1167; y desde el punto de vista geográfico también sería plausible, porque Juan Sarraceno se detuvo en Poitiers (*Isaak von Étoile*, 170-187).

La tradición manuscrita de los sermones es más pobre que la de sus otras dos obras. Anselm Hoste apenas señala siete manuscritos, y ninguno de ellos contiene la colección entera[21].

Respecto a la tradición indirecta, algunos *excerpta* de los sermones de Isaac han sido transmitidos en una *catena* bíblica o comentario a los libros de la Biblia basado en textos de unos treinta autores, casi todos del siglo XII y principios del XIII hasta Adán de Perseigne († 1221), muchos de ellos cistercienses. Esta *catena* quizá fue compilada por un cisterciense llamado Joannes[22] hacia 1230[23], quizás en Claraval, y más tarde reimpresa varias veces hasta el siglo XVI[24].

Por cuanto se refiere a los sermones, la primera edición fue realizada por el cisterciense Bertrand Tissier en 1662. La siguiente edición es la preparada por Anselm Hoste y Gaetano Raciti en 1967 para la colección *Sources Chrétiennes*, con traducción al francés. En 1979 apareció una versión inglesa a cargo de Hugh McCaffery con introducción de Bernard McGinn. En 2007 se publicó la traducción al inglés de una selección de sermones acompañada de la *Epistula de anima* y la *Epistula de canone missae* con introducción de McGinn; en este caso la traducción corrió a cargo de Daniel Deme. Contamos con una versión en lengua italiana realizada por Domenico Pezzini en dos volúmenes (2006 y 2007). Bernhard Kohout-Berghammer y Wolfang G. Buchmüller son los responsables de la traducción alemana que vio la luz en 2012, la cual además incluye los otros dos tratados epistolares.

21. *Isaac de l'Étoile. Sermons* I, 70-73. A estos manuscritos se puede añadir Oxford, Bodleian Library, Bodley 807. Cf. G. Raciti, *Pages nouvelles des sermons d'Isaac de l'Étoile dans un mansucrit d'Oxford*: Collectanea Cisterciensia 43 (1981) 34-37.

22. *Isaac de l'Étoile. Sermons* I, 76.

23. Esta es la datación que ha propuesto T. M. Käppeli en un trabajo que lleva por título *Eine aus frühscholastischen Werken exzerptierte Bibelkatene*: Divus Thomas 9 (1931) 309-319.

24. Por ejemplo, en J. Badius Ascensius, *Allegoriarum moraliumque sententiarum in utrumque divinae legis instrumentum abs triginta praeclaris et religione et doctrina viris*, Paris 1520.

2. «*Epistula de anima*»

Se trata de un tratado epistolar dirigido a Alquero de Claraval probablemente en 1162[25] como respuesta a una petición de este monje. Isaac cuenta en el primer parágrafo la ocasión que lo llevó a escribir sobre la naturaleza y las facultades del alma, así como sobre la relación de esta con el cuerpo.

La primera parte de la *Epistula* muestra al alma como término medio entre el cuerpo y Dios. Dios no tiene cualidad ni cantidad, el cuerpo tiene tanto cualidad como cantidad, mientras que el alma tiene cualidad, pero no tiene cantidad. En la segunda parte Isaac desarrolla el tema de la existencia en el alma de tres facultades: la racionabilidad (*rationabilitas*), la concupiscibilidad (*concupiscibilitas*) y la irascibilidad (*irascibilitas*). Con la racionabilidad se relaciona el conocimiento (*sensus*); con la concupiscibilidad y con la irascibilidad, el afecto (*affectus*). El afecto tiene que ver con la atracción o con la repulsión, y se refiere tanto al presente como al futuro. De ahí surgen la alegría (*gaudium*), la esperanza (*spes*), el dolor (*dolor*) y el miedo (*metus*), que indican, respectivamente, la atracción por un objeto presente, la atracción por un objeto futuro, la repulsión por un objeto presente o la repulsión por un objeto futuro. El conocimiento (*sensus*), por su parte, se divide en tres facultades: la memoria (*memoria*), la razón (*ratio*) y el entendimiento (*ingenium*), que se relacionan respectivamente con el pasado, el presente y el futuro.

Otra subdivisión del alma comprende cinco facultades a partir del objeto conocido; son las siguientes: sentido (*sensus*), referido aquí a los sentidos corporales, imaginación (*imaginatio*), razón (*ratio*), intelecto (*intellectus*) e inteligencia (*intelligentia*). El sentido conoce los cuerpos; la imaginación conoce las semejanzas entre los cuerpos; la razón conoce cualquier elemento incorporal que necesita de un cuerpo para existir; el intelecto conoce lo incorporal que no tiene necesidad de cuerpo ni de lugar, pero que es mutable y está en el tiempo, como el alma;

25. Tarlazzi, *Lettre sur l'âme. Lette sur le canon de la messe*, 39-40.

por último, la inteligencia, que conoce a Dios. Para terminar, el cuerpo es comparado con un instrumento musical y el alma con la música: después de morir el cuerpo, el alma no desaparece, de la misma manera que la música no desaparece cuando se rompe el instrumento.

La *Epistula de anima* gozó de cierta fortuna, a juzgar por los trece o catorce manuscritos que la transmiten y porque algunos pasajes fueron incluidos en el tratado *De spiritu et anima*, de autor incierto, atribuido a menudo a Alquero de Claraval.

3. *«Epistula de canone missae»*

Este breve tratado fue en realidad la obra de Isaac que gozó de mayor difusión durante el siglo XII, transmitido por veintiún manuscritos según la edición de Dietz[26]. Como la *Epistula de anima*, también este tratado tiene forma epistolar. Isaac afirma en el prólogo que lo escribió como respuesta a una petición de Jean Bellesmains, obispo de Poitiers (1162-1181). En efecto, Jean le pidió que pusiera por escrito el contenido de una conversación mantenida entre los dos acerca de cómo se dirigen los pensamientos hacia el canon durante la celebración de los sagrados misterios. El *terminus post quem* de la redacción se sitúa en 1162, fecha en la que Jean fue nombrado obispo de Poitiers, y el *terminus ante quem* en 1167[27].

Isaac explica de manera alegórica los tres altares y los tres tipos de sacrificios que eran ofrecidos en el tabernáculo de Moisés, los cuales simbolizan el progreso del alma en un itinerario de tres etapas, desde lo más externo hasta lo más interno. Seguidamente, se detiene en las tres etapas por las que pasa quien realiza el sacrificio: servidumbre, libertad y unión; a saber, primero se separa del mundo, después se une a Cristo y, por último, a Dios; la primera acción mortifica, la segunda vivifica y la tercera deifica.

26. Dietz, *Lettre sur l'âme. Lette sur le canon de la messe*, 89-108.
27. *Ibid.*, 81.

3. Los sermones 18-26, su contenido

El texto bíblico que sirve de base a estos sermones es la parábola del sembrador (Lc 8, 4-15)[28]. Este ciclo de sermones fue concebido para el domingo de Sexagésima, o sea, el segundo domingo antes del Miércoles de Ceniza. Su finalidad más probable sería preparar a los monjes para la inminente celebración de la Cuaresma, la Semana Santa y la Pascua abordando temas tan esenciales como la existencia de Dios, su naturaleza y su Trinidad.

Sermón 18

Al inicio de este sermón Isaac da a entender que su comunidad monástica vive retirada en una isla en medio del océano, sin más posesión que algunos libros (§ 1-2). Allí sus hermanos requieren sus enseñanzas. El autor recuerda que ofrecerá una interpretación a este pasaje de manera ajustada a la palabra, evitando interpretaciones demasiado libres (§ 3). Cristo, el Verbo de Dios hecho hombre, es a la vez sembrador y semilla, se predica a sí mismo, dice y hace lo que él es (§ 4-6). Como la semilla del campesino cae en distintos lugares, también el Verbo se siembra de tres maneras: los discípulos de Moisés siembran solo para los oídos a través de las palabras y no para los ojos, los discípulos de Cristo siembran para los oídos y también para los ojos a través de las acciones, pero únicamente Cristo siembra en el exterior a través de su vida y su palabra, y ayuda en el interior a través de su gracia (§ 7-9). Por su parte, quienes oyen la palabra de Dios se dividen en cuatro grupos. Los primeros la escuchan por fuera, pero no la reciben en el corazón; en ellos la palabra es como la semilla que cae al borde del camino. Los segundos reciben la palabra, pero carecen de la profunda raíz de la caridad y ceden; en ellos la palabra es la semi-

28. Además del comentario en forma de notas que encontramos en la edición de Hoste y Raciti y en las traducciones de McCaffery, de Deme y de Buchmüller, contamos con los comentarios de Bernard McGinn en su artículo *Isaac of Stella on the Divine Nature*; el de Kurt Ruh, en el volumen primero de su *Geschichte der abendländischen Mystik*; el de Alexander Fidora al sermón 22, en *Vom Einen zum Vielen*, y el de Christian Trottmann, en su estudio de la literatura cisterciense *Bernard de Clairvaux et la philosophie des Cisterciens du XII*[e] *siècle*.

lla que cae sobre piedra. Los terceros reciben y guardan la palabra, pero no para su provecho, sino que están expuestos a las preocupaciones y los cuidados, y las riquezas y los placeres los ahogan; en ellos la palabra es la semilla que cae sobre abrojos. Los cuartos acogen la semilla, la hacen fructificar a través de la obediencia, la paciencia y la perseverancia, y al final cosechan (§ 10-17).

Sermón 19

A partir de una evocación del Cantar de los Cantares, Isaac muestra cómo el alma devota busca a Dios por todas partes, pero únicamente lo encuentra cuando va más allá de la naturaleza angélica (§ 3). Tan solo el águila, símbolo del evangelio de Juan, fue capaz de llegar al Verbo (§ 5). A partir de ahí, nuestro autor emprende una investigación acerca del Verbo: cualquier cosa que sea de una forma determinada tiene que ser necesariamente simple (§ 7-8). Se necesita investigar qué es el ser, qué propiedades tiene y para qué es. Tres son las disciplinas que permiten responder a cada una de estas preguntas: la física, la lógica y la ética, es decir, la ciencia de la naturaleza, la ciencia de la razón y la ciencia moral (§ 9). Siguiendo la ciencia de la naturaleza se establece que el ser puede ser por sí mismo o necesitar de otro para ser; según esto, el ser que existe por sí mismo es mejor que el que necesita de otro para ser (§ 11). Siguiendo la ciencia de la razón se constata que lo que existe lo hace en esencia, como pensamiento, o en acto, es decir, en la realidad. El hombre subsiste por sí mismo para ser hombre en el pensamiento; un hombre cualquiera subsiste por sí mismo para ser un hombre en concreto en acto. En ambos casos hay una substancia. Lo que existe en el acto es substancia primera; lo que existe en el pensamiento es substancia segunda. La substancia segunda solo existe en el pensamiento como esencia, de manera abstracta, como concepto, mientras que la substancia primera existe tanto en el pensamiento como en la realidad (§ 12-13). La substancia que existe a la vez en el pensamiento y en la realidad es mejor que la que solo existe en el pensamiento. Sin la substancia segunda (el hombre en general) no hay substancia primera (hombres concretos), pero sin substancia primera tampoco hay substancia segunda (§ 14-16). Toda substancia segunda existe por sí misma, pero no en sí misma; toda substancia primera existe en sí misma, pero no a partir de sí misma. Una necesita algo anterior de lo que proceda, mientras que la otra necesita algo posterior en lo que esté de cierta manera y en cierto lugar (§ 17-18). A partir de la de imperfección de las substancias primera y segunda se descubre la existencia de la supersubstancia que está más allá de la primera y de la segunda, que existe por sí misma, en sí misma y de sí misma (§ 19). Sujeto y accidente, substancia y forma por separado se revelan como la nada (§ 20-22).

Sermón 20

Para Isaac, es necesario buscar a Dios por encima de todos los seres creados, ya que él no es un ser existente a la manera de estos (§ 2). Su razonamiento es el siguiente: toda substancia es corpórea o incorpórea. Es propio de la substancia, tanto corpórea como incorpórea, admitir contrarios (§ 5). Dios está por encima de toda substancia porque es inmutable y no puede ser substancia que admita contrarios, sino que es supersubstancia (§ 6). La substancia inmutable está por encima de las substancias primera y segunda, no es comprensible a ninguna mente y existe de manera verdadera sin tener por encima una esencia en la que sea concebida (como sucede con la substancia segunda), ni por debajo una realidad de naturaleza que le dé una existencia concreta (como la substancia primera) (§ 8). Es unidad, simple y estable. Como es unidad, está por encima de la materia; como es simple, está por encima de todo lo compuesto por materia; como es inmutable, está por encima de todo ser creado (§ 9).

Sermón 21

De la unidad procede la pluralidad, de la simplicidad la diversidad y de la inmutabilidad la mutabilidad y el movimiento (§ 2-3). Este principio no solo es creador, sino moderador y sustentador del universo para evitar que las cosas caigan en el no ser (§ 4).

Isaac emprende la demostración de la existencia de Dios: el necio que niega la existencia de Dios la está afirmando sin pretenderlo, pues si no existiera aquel que es negado, tampoco podría existir el que lo niega. En efecto, todo ser que existe es principio o procede de un principio: el que niega a Dios, si procede de un principio, necesariamente existe porque existe un principio; si es principio, entonces él mismo es aquello cuya existencia niega (§ 8). Todo ser compuesto procede de uno simple, todo movimiento parte de un ser inmóvil. Por eso, si algo existe, bien tiene que ser simple e inmóvil, bien tiene que depender de algo simple e inmóvil. Pero si absolutamente ninguno de los seres existe (porque estos son contingentes), solo queda que exista Dios, de quien puede existir todo lo que es posible que exista (§ 9).

Tanto el que Dios siempre haya existido como el que Dios nunca haya existido tiene que haber sido verdad eternamente. Luego ha existido eternamente una verdad, que no podría ser ni compuesta ni mutable, porque entonces sería temporal, y esto implicaría que el tiempo existiría desde toda la eternidad (§ 10-11). Nadie puede negar la existencia de Dios sin afirmar su existencia por la propia naturaleza de Dios: si cualquier cosa existe, también él existe; si nada existe, al menos existe aquel por quien todo es susceptible de ser creado (§ 12-13).

De ahí que Isaac exhorte a sus monjes a retener a aquel que buscaban una vez que lo han encontrado (§ 15), así como a llevar una vida de ejercitación espiritual alejada de toda preocupación, ambición y deleite carnal (§ 16), renunciando al pecado que impide saborear en su plenitud los gozos espirituales (§ 18).

Sermón 22

En este sermón es evidente la influencia de la teología negativa del pseudo Dionisio Areopagita. El ser verdaderamente simple se identifica con el poseer (§ 3). Sin embargo, todos los atributos divinos como, por ejemplo, la sabiduría, la razón, la fuerza, la justicia, etc., solo nos proporcionan un conocimiento de Dios a través de la negación, ya que Dios está por encima de todas las cosas y no se deja circunscribir por ellas. En cuanto unidad, Dios es origen del número; en cuanto simplicidad, es principio de la especie o de la medida; en cuanto inmovilidad, es origen del movimiento y del peso. No es sabiduría ni ciencia, sino fuente y origen de estas cosas. Lo mejor es aplicar a Dios estas cualidades elevadas a un grado de supereminencia: Dios es supersabiduría, superjusticia. De esta manera no decimos qué es, sino que negamos todo acerca de él (§4-8). Solo podemos conocer a Dios a través de la negación. Cuando decimos que Dios es algo, lo hacemos a causa de la pobreza de nuestro lenguaje y en base a una semejanza, de manera metafórica e hiperbólica (§9-10). Isaac subraya que el hecho de que no podamos comprender a Dios no se debe a nuestra cortedad, sino a su sublimidad (§ 11). Aunque no podamos ver ni soportar la luz superabundante e insoportable, sí podemos ver al invisible subyugados por su luz (§ 12).

Una vez que se ha constatado que Dios es supersubstancia y que es lo que no es, se plantea la cuestión de la creación. Isaac muestra algunos ejemplos de causalidad que se encuentran en el mundo natural: el río procede de una fuente, la planta de la semilla, esta de los elementos, estos de la fuerza germinativa y de la materia primordial. De este modo se llega a la conclusión de que todo creador es principio de su obra (§ 15). Ahora bien, existen dos tipos de artesanos: uno que excede a la naturaleza y está por encima de ella y otro que la imita, que realiza sus obras a partir de los modelos que le ofrece la naturaleza. En toda obra creada siempre se encuentran tres principios: el material, el formal y el final. Si añadimos al artesano tenemos también el principio eficiente (§ 16). Dios, en cambio, no necesita de modelos naturales, pues puede crear desde la nada y reducir a la nada, aumentar algo sin sumar algo y disminuirlo sin substraer nada, es decir, sus operaciones no se producen según las leyes observables en el mundo físico (§ 17). Dios, por lo tanto, no es principio final, formal o material, sino absolutamente principio eficiente. Es principio eficiente del número sin ser parte de este. En la dualidad, la unidad no es una parte de un todo, sino que es único principio eficiente sin el cual la dualidad no puede existir (§ 19-20). Lo mismo sucede con lo simple y lo inmóvil: la razón no admite dos simples y dos inmóviles (§ 21). Dios, que es uno, simple e inmutable, existe en las cosas sin subsistir en ellas; pero si se retira las cosas, se ven privadas de algo que las sostenga. Es, por lo tanto, un principio que mantiene y dirige a la creación (§ 22). Las criaturas, por su parte, habitadas por Dios, fuente del ser, no son ser, sino cierta imagen o vestigio del ser, a través de cuya belleza y bondad el que las investiga puede llegar a comprender con su inteligencia al que es bello y bueno en grado sumo (§ 23).

Sermón 23

La especulación se centra ahora en la unidad, la dualidad y la trinidad. Dios lleva en su pensamiento al mundo antes de crearlo. Si Dios tiene pensamiento, él mismo es este pensamiento, puesto que él es todo lo que es suyo (§ 4). En la verdadera unidad se constata una dualidad: lo que es y lo que es suyo. Esta dualidad, sin embargo, no rompe la unidad, pues ser y poseer es lo mismo (§ 5). En la dualidad una cosa tiene que proceder de la otra. Lo que no procede de nadie es llamado Padre, mientras que lo que solo procede del Padre es llamado Hijo. El Hijo se diferencia del Padre en sus propiedades, puesto que procede de él, pero está en la unidad de la esencia, ya que ser y tener es lo mismo: el Padre tiene al Hijo porque este procede de él; de ninguna manera puede ser el Padre otra cosa que el Hijo (§ 6-8). Esta unidad es eterna, pues lo inmóvil no comienza a tener lo que antes no tenía ni lo inmutable deja de ser lo que siempre ha sido. Todos los atributos de Dios (sabiduría, justicia, virtud, etc.), que en la teología racional son múltiples, en la teología divina son unidad, existiendo a la vez, una sola vez y siempre (§ 9).

El alma posee tres facultades, a saber: la razón, la memoria y el ingenio. La razón se refiere al presente; la memoria, al pasado, y el ingenio o inteligencia, al futuro. El ingenio investiga lo desconocido, la razón juzga lo descubierto, la memoria guarda los juicios y formula nuevas preguntas. El ingenio muestra a la razón lo que ha encontrado, la memoria muestra a la razón lo que esconde, y la razón se ocupa del presente. A la memoria le corresponde el órgano del vientre, que hace emerger el conocimiento hasta la boca, que es el órgano correspondiente a la razón y al presente, mientras que al ingenio le corresponden los dientes, con los que sujeta las percepciones nuevas. El conocimiento presente es modelado previamente en el corazón y encuentra su expresión en la palabra corporal (§ 10-11).

Como para Dios no hay nada futuro ni pasado, ni memoria ni ingenio aportan nada al pensamiento. Para Dios todo es como superpresente en el Verbo. Por eso toda formulación temporal aplicada a Dios resulta inapropiada, como cuando decimos que habla, ha hablado o hablará, puesto que todo es dicho por él una vez y para siempre (§ 12-16).

Sermón 24

Isaac invita a sus monjes a sentarse debajo de una encina para tomarse un respiro y poder escuchar lo que viene a continuación (§ 1). El discurso comienza afirmando que, antes de ser creado el mundo sensible, ya existían las cosas que iban a ser creadas en forma de modelo y aún más cosas que no llegaron a ser creadas. Todo ser del mundo sensible (*exemplum*) procede de un modelo (*exemplar*). En un extremo de la cadena creadora se encuentra el objeto sensible en la mente de Dios, mientras que en el otro extremo está su plasmación como objeto sensible (§ 3). Así, una encina es mucho más admirable cuando se encuentra dentro de una bellota, la bellota es más admirable cuando se encuentra en la capacidad germinativa de la tierra, que reside en los elementos y estos en la materia, y la materia subsiste de manera más excelente en la mente divina. De esta manera se establecen diversas formas de causalidad: en el árbol subsiste la encina de manera actual, en la bellota de manera seminal, en la tierra de manera original, en los elementos de manera causal, en la materia de manera posible y en Dios como causa eficiente; en todas las cosas subsiste de manera mutable, mientras que en Dios subsiste de manera inmortal (§ 4-5).

Dios siente una alegría inmensa e inefable cuando contempla eternamente en sí la bondad y la belleza (§ 6-8). Pero esta alegría tiene que proceder de alguien y no solo de uno, sino de dos, de aquel que se alegra y de aquel de quien y con quien se alegra. Tanto el uno como el otro son principio de la alegría, porque tal es la alegría de uno que procede del otro (§ 9). Este tercer elemento es llamado «Espíritu Santo», al que se comprende como dulzura, amor y deleite de los otros dos, y que constituye una unidad con los otros dos (§ 10-11).

Solo entonces nuestro autor explica la Trinidad a través de la metáfora de la luz: la luz se puede entender como fuente de luz o luz que brilla. La luz como fuente da luz, la luz que brilla es un don de la luz como fuente. La luz que da luz, la luz que brilla y el don son tres maneras de referirse a una única luz con tres propiedades (§ 12-15). Lo que hace que la luz sea amada es que es susceptible de ser vista y disfrutada. Por eso el amor viene del uso, el uso del don y el don de la manifestación de la luz y de la fuente de la luz (§ 17-19). Así, el Espíritu Santo es don gratuito por el que Dios se da y es susceptible de ser recibido y disfrutado. No es un don debido que tenga que ser restituido a un deudor, sino que es un don gratuito y universal que perdona todo (§ 22). Por eso todo don y toda remisión es acordada por el Padre en el Espíritu Santo, lo que confiere a este una misión redentora.

Sermón 25

Dios creó el universo por su voluntad gratuita. No obedeció a ninguna necesidad inherente a su naturaleza, sino que lo hizo por su sola bondad natural (§ 1). Fue consubstancial a esta bondad natural el querer que alguien participase de una obra tan buena, y por eso creó el espíritu racional a su imagen (§ 2-3). El alma humana fue dotada de tres facultades: la razón para buscar a Dios en sí misma y en todas las cosas; la concupiscibilidad para amarlo y la irascibilidad para rechazar cuanto se opone a esta contemplación y a esta delectación. El único y supremo bien del espíritu racional creado es contemplar a Dios y deleitarse en él (§ 5). Todas nuestras acciones tienen que orientarse hacia este fin haciendo coincidir la intención de su obra y de la nuestra (§ 6-7). El don que recibiremos por ello es de la misma naturaleza que el don por el que hemos sido creados, o sea, el ser humano, que tiene su origen en la acción creadora de Dios, vuelve a Dios (§ 8). Para ello tiene que haber un equilibrio entre vida contemplativa y vida activa; esta última tiene como finalidad el servicio a los demás o el subvenir a las necesidades del propio cuerpo (§ 9-11). Toda actividad debe ser realizada con calma y serenidad, evitando caer en la inquietud, los cuidados excesivos o la acedia (§ 14).

Sermón 26

El espíritu racional es capaz de recibir a la divinidad a través de la razón y de la voluntad, por medio de la facultad de comprender y de amar. El deseo de lograr bienes materiales, como el dinero, la gloria y el poder, no sacia al espíritu racional, puesto que este es más grande que aquello que es ambicionado (§ 1-3). La facultad natural de comprender y de amar (primera gracia) da lugar al libre albedrío. La semilla de la palabra es esparcida en el campo del libre albedrío (segunda gracia) (§ 4). La semilla es sembrada en este campo dentro y fuera: fuera, toda la creación exterior habla del Creador; dentro, habla la naturaleza profunda del espíritu racional; y, por encima de ambos, habla la gracia inspirada (§ 5). El espíritu racional es capaz de ver la luz divina gracias al primer don, pero no puede alcanzar el efecto de esta visión si no es iluminado por un rayo de luz superior (§ 6). El Verbo, como el rayo que sale del sol sin abandonar al sol, permaneciendo en Dios sale e ilumina al espíritu para mostrarle a este el lugar del que sale y revelarle su fuente (§ 7-8).

El Sembrador sembró primero en la naturaleza angélica, pero algunas semillas cayeron al borde del camino, es decir, algunos ángeles dieron la espalda al Creador (§ 12-13). La tierra pedregosa de la segunda siembra es la naturaleza humana en Adán, pero este cayó en el pecado (§ 14-15). El Sembrador sembró una tercera vez a través de Moisés en el desierto, es decir, en el pueblo judío, que solo aspira a lo carnal y ahoga en su ley el fruto de la inteligencia espiritual (§ 16). La cuarta siembra fue a través del Hijo de Dios hecho Hijo del hombre y, después, a través de los apóstoles: esta siembra es la que dio fruto (§ 17).

BIBLIOGRAFÍA

Abreviaturas

CCCM *Corpus Christianorum, Continuatio Medievalis*, Turnhout.
CCSL *Corpus Christianorum, Series Latina*, Turnhout.
CSEL *Corpus Scriptorum Ecclesiasticorum Latinorum*, Wien.
PL *Patrologia Graeca*, Paris.
PL *Patrologia Latina*, Paris.
SC *Sources Chrétiennes*, Paris.

Ediciones de los sermones y traducciones

Sermones B. patris Isaac, Bibliotheca Patrum Cisterciensium sive opertum abbatum et monachorum cisterciensi ordinis, qui saeculo S. Bernardi, aut paulo post eius obitum floruerunt, vol. 6, Bonnevaux 1662, 1-77. Esta edición es la que recoge la *Patrologia Latina* de Migne (*PL* 194, 1689-1876).

Isaac de l'Étoile, *Sermons*, ed. A. Hoste, G. Raciti, 3 vol. (*SC* 130, 207 y 339), Paris 1967-1987.

Isaac of Stella, *Sermons on the Christian Year*, trad. H. McCaffery (*Cistercian Fathers Series* 11), Kalamazoo 1979 (= *Monastic Studies Series* 18, Piscataway NJ, 2010) (traducción al inglés de los sermones 1-26 con introducción de B. McGinn).

The Selected Works of Isaac of Stella. A Cistercian Voice from the Twelfth Century, trad. D. Deme, Burlington VT 2007 (traducción al inglés de una selección de sermones con introducción de B. McGinn).

Isaak von Stella, *Sermones (Predigten). Im Anhang: De anima (Über die Seele); De officio missae (Über die Messe)*, W. G. Büchmüller (intr., trad.), trad. W. Buchmüller, B. Kohout-Berghammer (*Fontes Christiani* 4. Folge 52,1), 3 vols., Freiburg - Basel - Wien 2012-2013.

Isacco della Stella, *I sermoni*, trad. D. Pezzini, 2 vols., Milano 2006-2007 (traducción al italiano).

FUENTES PRIMARIAS

Ambrosius, *De fide*, ed. O. Faller (*CSEL* 78), Wien 1962.

Anselmus, *De veritate*, ed. F. S. Schmitt, *S. Anselmi Cantuariensis archiepiscopi opera omnia*, vol. 1, Seckau 1938, 176-199.

–*Monologion*, ed. F. S. Schmitt, *S. Anselmi Cantuariensis archiepiscopi opera omnia*, vol. 1, Seckau 1938, 1-87.

–*Proslogion*, ed. F. S. Schmitt, *S. Anselmi Cantuariensis archiepiscopi opera omnia*, vol. 1, Seckau 1938, 89-122.

Aristoteles latinus, *Categoriae vel praedicamenta*, ed. L. Minio-Paluello, Bruges-Paris 1961.

Augustinus Hipponensis, *Confessionum libri XIII*, ed. L. Verheijen (*CCSL* 27), Turnhout 1981.

–*De civitate Dei*, ed. B. Dombart, A. Kalb (*CCSL* 47-48), Turnhout 1955.

–*De Genesi ad litteram*, ed. J. Zycha (*CSEL* 28,1), Prag - Wien - Leipzig 1894, 3-435.

–*De Trinitate*, ed. W. J. Mountain, F. Glorie (*CCSL* 50-50A), Turnhout 1968.

–*Enarrationes in psalmos*, ed. E. Dekkers, J. Fraipont (*CCSL* 38-40), Turnhout 1956.

–*In Iohannis evangelium tractatus CXXIV*, ed. A. Mayer (*CCSL* 36), Turnhout 1954.

Bernardus abbas Claravallensis, *Sermones super Cantica canticorum*, ed. J. Leclerq (*SC* 414, 431, 452, 472, 511), Paris 1996-2007.

Boethius, *Philosophiae consolatio*, ed. L. Bieler (*CCSL* 94), Turnhout 1984.

Dionysius Areopagita (Pseudo), *De coelesti hierarchia*, ed. G. Heil (*Corpus Dionysiacum* 2), Berlin - New York 1991, 7-59.

–*De divinis nominibus*, ed. B. Suchla (*Corpus Dionysiacum* 1), Berlin - New York 1990, 107-231.

–*De mystica theologia*, ed. A. M. Ritter (*Corpus Dionysiacum* 2), Berlin - New York 1991, 141-150.

–*Epistulae*, ed. G. Heil (*Corpus Dionysiacum* 2), Berlin - New York 1991, 155-210.

Gregorius Magnus, *Homiliae in evangelia*, ed. R. Etaix (*CCSL* 141), Turnhout 1999.

–*Homiliae in Hiezechihelem prophetam*, ed. M. Adriaen (*CCSL* 142), Turnhout 1971.

Hieronymus Stridonensis, *Epistulae*, ed. I. Hilberg (*CSEL* 54-56), Wien 1910-1918.

–*Liber interpretationis hebraicorum nominum*, ed. P. de Lagarde (*CCSL* 72), Turnhout 1959, 59-161.

Hilarius Pictaviensis episcopus, *De Trinitate*, ed. P. Smulders (*CCSL* 62-62A), Turnhout 1979-1980.

Iohannes Scotus Eriugena, *Expositiones super Ierarchiam caelestem*, ed. J. Barbet (*CCCM* 31), Turnhout 1975.

–*Commentarius in evangelium Iohannis*, ed. E. Jeauneau, H. J. Hicks (*CCCM* 166), Turnhout 2008, 47-137.

–*Periphyseon*, ed. E. Jeauneau (*CCCM* 161-165), Turnhout 1996-2003.

–*Homilia super «In principio erat verbum»*, ed. E. Jeauneau, H. J. Hicks (*CCCM* 166), Turnhout 2008, 3-43.

Isaac a Stella, *Epistula de anima*, ed. C. Tarlazzi (*SC* 632), Paris 2022, 150-218.

–*Epistula de canone missae*, ed. E. Dietz (*SC* 632), Paris 2022, 220-252.

Macrobius, *Commentarii in somnum Scipionis*, ed. I. Willis, Leipzig 1963.

Plato Latinus, *Commentarius in Platonis Timaeum*, ed. J. H. Waszink (*Corpus Platonicum Medii Aevi* 4), London - Leiden 1962, 57-346.

Timaeus a Calcidio translatus, ed. J. H. Waszink (*Corpus Platonicum Medii Aevi* 4), London - Leiden 1962, 5-52.

Ricardus a Sancto Victore, *De Trinitate*, ed. G. Salet (*SC* 63), Paris 1959.

Theodoricus Carnotensis, *Tractatus de sex dierum operibus*, en *Commentaries on Boethius by Thierry of Chartres and his School*, ed. N. M. Häring, Toronto 1971, 555-575.

Fuentes secundarias

Bliemetzrieder, P., *Isaak von Stella*: 1. *Beiträge zur Lebensbeschreibung*: Jahrbuch für Philosophie und spekulative Theologie 18 (1904) 1-34.

Bouyer, L., *La spiritualité de Cîteaux*, Paris 1955.

Buchmüller, W., *Isaak von Étoile. Monastische Theologie im Dialog mit dem Neo-platonismus des 12. Jahrhunderts*, Münster 2016.

Debray-Mulatier, J., *Biographie d'Isaac de Stella*: Cîteaux 10 (1959) 178-198.

Dietz, E., *Cuando el exilio es hogar. La biografía de Isaac de Stella*: Cuadernos monásticos 180 (2012) 67-90.

Fidora, A., *Vom Einen zum Vielen. Der neue Aufbruch der Metaphysik im 12. Jahrhundert. Eine Auswahl zeitgenössischer Texte des Neoplatonismus*, Frankfurt a.M. 2002, 112-120 (texto, traducción al alemán y comentario del sermón 22).

Fracheboud, A., *Le Pseudo-Denys l'Aéropagite parmi les sources du Cistercien Isaac*: Collectanea Ordinis Ciscerciensium Reformatorum 9 (1947) 328-341 y 10 (1948) 19-34.

Garda, C., *Du nouveau sur Isaac de l'Étoile*: Cîteaux 37 (1986) 8-22.

Gastaldelli, F., *Tradizione e sviluppo. La formazione culturale e teologica di Goffredo di Auxerre*: Annali della Facoltà di Letteres e Filosofia, Università di Macerata 32 (1999) 1-38.

McGinn, B., *Theologia in Isaac of Stella*: Cîteaux 21 (1970) 219-235.

–*The Golden Chain. A Study in the Theological Anthropology of Isaac of Stella* (*Cistercian Studies Series* 15), Washington DC 1972.

–*Isaac of Stella on the Divine Nature*: Analecta Cisterciensia 29 (1973) 3-56 (comentario a los sermones 18-26, p. 15-51).

Raciti, G., *Isaac de l'Étoile et son siècle*: Cîteaux 12 (1961) 281-306; 13 (1962) 18-34, 133-145 y 205-216.

–*Isaac de l'Étoile*, en *Dictionnaire de spiritualité ascétique et mystique* VII/2, Paris 1971, col. 2011-2038.

Ruh, K., *Geschichte der abendländischen Mystik*, vol. 1: *Die Grundlegung durch die Kirchenväter und die Mönchstheologie des 12. Jahrhunderts*, München 1990, 343-354.

Trottmann, C., *Isaac de l'Étoile lecteur du livre de la nature*: Revue des sciences philosophiques et théologiques 95 (2011-2012) 343-362.

–*Bernard de Clairvaux et la philosophie des Cisterciens du XII*[e] *siècle*, Turnhout 2020, 341-441.

Van Winden, J. C. M., *Calcidius on Matter. His Doctrine and Sources. A Chapter in the History of Platonism*, Leiden 1959.

SERMONES 18-26
ACERCA DE LA NATURALEZA DE DIOS

IN SEXAGESIMA
[SERMO 18]

1. «Exiit qui seminat», etc. Inter quietae et amabilis paupertatis nostrae copiosas inopias, librorum et maxime commentariorum, ut cernitis, penuria sumus opimi. Nam sicut exsultans quis laudabiliter dixit: «Evangelium dedi propter Evangelium», ita nos libros reliquimus propter libros.

2. Edocti enim a libris sanctis sanctae solitudinis virtutem, quietis fructum, paupertatis gratiam, non solum, ut olim, de domo et cognatione carnali egressi, quinimmo plurium sanctorum fratrum ac domus spiritualis patris quasi obliti, sicut caeterae plenitudinis, sic numerosae codicum varietatis, et totius orbis ac generis fere humani iacturam facientes, in hanc semotam et inclusam Oceano insulam, nudi ac naufragi, nudam nudi Christi crucem amplexi, pauci evasimus.

3. Itaque quoniam nos silere non sinitis, cogitis que insipientes fieri, dum pro lectione vivae vocis nostrae frequentiam exigitis, in ceteris sancti Evangelii lectionibus non quidem communes ubique explanationes sequentes, liberius quod pro tempore, loco, negotio, personis congruere, opinamur, eloquimur. Nec enim a summi Scribae, id est digiti Dei, sensu absonat expositio quae eo Scripturarum excludit ae-

1. Augustinus, *Confessiones* 1, 12, 19: *copiosae inopiae.*
2. Hieronymus, *epistula* 52, 5, 2: «Seguiré desnudo la desnuda cruz».

SERMÓN 18

1. *Un sembrador salió*... (Lc 8, 5). En la copiosa indigencia de nuestra apacible y amable pobreza somos ricos[1], como veis, debido a la escasez de libros y sobre todo de comentarios (a las Sagradas Escrituras). Alguien pronunció exultante estas palabras admirables: *Os he dado el evangelio a causa del evangelio*. También nosotros hemos abandonado los libros a causa de los libros.

2. En efecto, instruidos por los libros sagrados en la virtud de la santa soledad, en el fruto de la paz, en la gracia de la pobreza, no solo hemos salido, como en otro tiempo, de la casa y del parentesco de la carne (cf. Gn 12, 1), sino que también nos hemos olvidado, por decirlo así, de muchos santos hermanos y de la casa del padre espiritual (cf. Sal 44, 11). Nos hemos desprendido, igual que de las demás riquezas, de muchos libros de diverso tipo, del mundo entero y casi del género humano en su totalidad, y nos hemos refugiado unos pocos en esta isla apartada, rodeada por el océano, desnudos y náufragos, abrazando la desnuda cruz del desnudo Cristo[2].

3. Por eso no permitís que guardemos silencio y nos obligáis a actuar con insensatez (cf. 2 Cor 12, 11) cuando solicitáis escucharnos asiduamente de viva voz a falta de lectura. En lo que respecta a los otros pasajes del santo evangelio, no seguimos siempre, es verdad, las explicaciones habituales, sino que desarrollamos con mayor libertad lo que consideramos oportuno según el tiempo, el lugar, el asunto y las personas[3]. Una explicación que excluye los enigmas de las Escrituras, que tiene como

3. Cf. Isaac, *sermo* 16, 5; Hieronymus, *Commentarius in epistulam ad Ephesios* 4, 29, en PL 26, 513B.

nigmata, ut in auditoribus regnum destruat cupiditatis, caritatis autem aedificet. In hac autem lectione, quae versatur in manibus, ab hac licentiosa libertate proverbii certae expositionis verbo ablegamur, dum is qui proponit exponit.

4. «Semen est ergo verbum Die», sator Filius hominis; sed ipsum Dei Verbum ipse Filius hominis, unde et semen et sator idem. Quare et ipse se seminat et ab ipso seminatur ipse. Solus, fratres mei, ipse est, qui seipsum digne seminare, id est praedicare, potest. «Non», inquit egregius praedicator, «praedicamus nos, sed Iesum».

5. Timeo ne sit hodie qui se ipsum praedicet; sibi, de Iesu loquendo, nomen facere cupiat; suam gloriam, aliena loquendo, quaerat aut quaestum; se extra se iaciens in ventum seminet, ut vacuus intus remaneat et foris se minime colligat; praeferens veritatem, inferat vanitatem; propinans antidotum, bibat ipse venenum; de humilitate quo melius disputet, peius superbiat; paupertatem praedicet, affectans divitias; contemptum mundi, cupidus; misericordiam, avarus; subiectionem, ambitiosus; et si qua possint dici similia.

6. Sanctum Patris Verbum quod est loquitur; hominis Filius quod est docet et agit, de quo scriptum est: «Quae coepit Iesus facere et docere»; ac per hoc sator iste se seminat exemplo vitae et verbo doctrinae, dicens: «Discite a me» quod videtis in me «quia mitis sum et humilis corde».

7. Sed, rogo, unde exiit ut seminet? «Exiit», inquit, «qui seminat». Exiit ergo unde non abscessit, et

4. San Agustín se expresa en términos semejantes, por ejemplo, en el sermón 225, 2, 3, en PL 38,1097: «¿El Verbo abandonó el cielo para estar en el

fin destruir en el auditorio el reino de la codicia y construir el de la caridad, no está en desacuerdo con el sentido del Escritor supremo, es decir, del dedo de Dios. Al contrario, nosotros, para esta lectura que tenemos en las manos, ofrecemos un enunciado preciso de interpretación renunciando a una libertad arbitraria: el mismo que cuenta, interpreta.

4. La semilla es, pues, el Verbo de Dios; el sembrador es el Hijo del hombre. Pero el Verbo de Dios es el propio Hijo del hombre, por eso la semilla y el sembrador son lo mismo. De ahí que se siembra a sí mismo y es sembrado por sí mismo. Él es el único, hermanos míos, que se puede sembrar, es decir, predicar a sí mismo, dignamente. *No nos predicamos a nosotros mismos*, como dice el gran predicador, *sino a Jesús* (2 Cor 4, 5).

5. Temo que hoy haya quien se predique a sí mismo, que desee hacerse un nombre hablando de Jesús, que busque su propia gloria o beneficio refiriendo cosas ajenas, que arrojándose fuera de sí mismo, se siembre en el viento (cf. Job 6, 26), que quede vacío por dentro y no dé fruto por fuera, que proclame la verdad y aporte vanidad, que ofreciendo un antídoto, él mismo beba el veneno, que cuanto más dispute acerca de la humildad más se enorgullezca, que predique la pobreza persiguiendo las riquezas, que predique el desprecio del mundo mientras él mismo es codicioso, que predique la limosna mientras él es avaro, que predique la sumisión mientras él es ambicioso, y así otras cosas por el estilo.

6. El santo Verbo del Padre dice lo que él es. El Hijo del hombre enseña y hace lo que él es, de quien está escrito: *Lo que Jesús comenzó a hacer o a enseñar* (Hch 1, 1). Por eso este sembrador se siembra con el ejemplo de su vida y con las palabras de sus enseñanzas, diciendo: *Aprended de mí* lo que veis en mí, *porque soy manso y humilde de corazón* (Mt 11, 29).

7. Pero, pregunto, ¿de dónde salió para sembrar? Se dice, en efecto, *el sembrador salió*. El sembrador, dice, salió de un lugar del cual no se fue y fue a un lugar al que no tuvo que llegar[4].

útero de la Virgen?», y en *De peccatorum meritis* 1, 31, en PL 44, 144: «Por la unidad de la persona (...) el Hijo de Dios caminaba sobre la tierra y el mismo Hijo del hombre permanecía en el cielo».

venit quo non accessit. Exiit de sinu Patris Verbum tantum et venit in uterum Virginis, inde que exiens caro factum venit in mundum, tamquam sator in agrum, Filius hominis. Solent qui seminant de occultis horreis semen extrahere, baiulos quosdam cophinos, unde seminent, replere, et ita ad serendum exire in agrum. Exiens ergo semen istud et sator idem de occulto et ininvestigabili, ubi plenitudo habitat, horreo divinitatis, generante Virgine, missus est in cophinum carnis, unde se seminat de se, semen, sator et cophinus ipse.

8. «Sed dum seminat», etc. Prudens iste agricola terrae suae differentiam novit, et tamen indifferenter serit, et quasi inscius cari seminis iacturam facit industrius. Quid sibi vult istud? An fortassis et differenter seminat? Sunt enim plures sationes verbi: alia interior, alia exterior; alia ad aures carnis, alia ad aures cordis; alia denique foris ad aures verbo doctrinae, alia ad oculos exemplo vitae, alia ad cor intus inspiratione gratiae.

9. In his itaque tribus perfectio erat magisterii caelestis in Christo. In caelo enim cathedram habet, qui corda docet. Discipuli Moysi, Scribae et Pharisaei, dicunt sed non faciunt, auribus non oculis seminantes. Discipulorum vero Christi superabundat iustitia; dicunt enim et faciunt, et auribus et oculis seminantes. Unus vero verus magister Christus foris seminat vita et voce, intus iuvat dono gratiae. Itaque in agro non indifferenter seminat, licet semen verbi foris communiter

Salió del seno del Padre sólo como Verbo y fue al seno de la Virgen. De allí salió como Verbo hecho carne y vino al mundo como Hijo del hombre, como el sembrador a su campo. Los sembradores habitualmente sacan la simiente de lo oculto de sus graneros, llenan unos saquetes en los que han puesto las semillas que habrán de sembrar y, de esta manera, salen al campo a sembrar. Luego esta semilla, que es a la vez Sembrador, salió del granero oculto e inaccesible, donde reside la plenitud, es decir, del granero de la divinidad, y, a través de la maternidad de la Virgen, fue puesta en el saco de la carne, donde se siembra de sí mismo él que es al mismo tiempo semilla, sembrador y saco.

8. *Pero mientras siembra…* (Lc 8, 5). Este campesino prudente, que conoce las diversas propiedades de su terreno, siembra a pesar de ello sin hacer diferencias y malgasta con su celo su preciosa simiente, como si no conociera su terreno. ¿Qué quiere decir esto? ¿Siembra de diferentes maneras? Existen varias maneras de sembrar el Verbo, una interior y otra exterior. Una para los oídos del cuerpo, otra para los oídos del corazón; una para los oídos externos con palabras de enseñanza, una para los ojos con el ejemplo de vida, una interior para el corazón mediante la inspiración de la gracia.

9. En estas tres formas de sembrar consistió la perfección del magisterio celeste en Cristo. En el cielo tiene su cátedra quien enseña a los corazones[5]. Los discípulos de Moisés, los escribas y los fariseos dicen, pero no hacen (cf. Mt 23, 3). Siembran para los oídos, pero no para los ojos. Los discípulos de Cristo, por el contrario, poseen la justicia en abundancia, pues dicen y hacen, sembrando tanto para los oídos como para los ojos. Pero el maestro único y verdadero, Cristo, siembra por fuera mediante su vida y su voz, mientras que por dentro ayuda mediante el don de la gracia. Por eso siembra en el campo no sin hacer diferen-

5. Augustinus, *sermo* 261, 2, 2, en PL 38, 1203: «Escucha conmigo: no me escuches, digo, sino escucha conmigo, pues en esta escuela todos somos condiscípulos. El cielo es la cátedra de nuestro maestro».

spargat. «Spiritus», inquit, «ubi vult, spirat, et vocem eius audis, et nescis unde venit aut quo vadit». Vocem quidem indifferenter foris audis; sed qua causa, qua ratione, qua gratia, qua discretione ab alto et occulto consilio Dei veniat, ut ad illum vel illum vox communiter foris facta intus specialiter vadat, nescis.

10. Est igitur auditorum verbi quadripartita differentia. Alii enim cor habentes conculcatum ac induratum, praedicationem aure foris audiunt, sed hanc in corde minime recipiunt, qualibus secus viam non in via credulitatis et oboedientiae verba cadunt. «Non enim omnium est fides, nec omnes oboediunt Evangelio». Inter aurem enim et cor daemon volitans, quod per unam aurem intrat, per alteram extrahit, ut dicitur, ne ad cor descendat. Cum enim praedicator assurgit ut foris loquatur, assurgit etiam diabolus ut intus obloquatur, aut falsum esse suggerens, quod dicitur, aut quoquomodo pervertens quod vere dicitur, aut diiudicans a quo dicitur, aut somno aut aliis cogitationibus aggravans illum cui dicitur.

11. Alii autem facilitatem oboedientiae habentes sed virtute carentes constantiae, ut «filii Ephrem intendentes arcum», convertuntur in die belli, cito compuncti, citius arefacti, in superficie humidi, in medullis aridi; temporales et leves, non habentes altam radicem caritatis quae sicut «omnia credit», sic «omnia suffert», tempore pacis credunt et «tempore tentationis» seu internae seu externae «recedunt»; dum nil intus prurit, caelibes; dum nil foris saevit, fortes; si nemo molestat, mansueti; si cuncta succedunt, devoti,

cias, aunque por fuera esparza por todas partes las semillas del Verbo. *El viento*, dice, *sopla donde quiere, y no oyes su voz y no sabes de dónde viene ni a dónde va* (Jn 3, 8). Tú oyes la voz por fuera sin que existan diferencias, pero no sabes por qué causa, por qué razón, por qué gracia, según qué discernimiento viene esta voz desde la voluntad profunda y secreta de Dios, de manera que la voz, que fue emitida para todos, se dirige de manera especial a este o a aquel.

10. Los que oyen el Verbo se dividen en cuatro grupos. Unos tienen el corazón pisoteado (cf. Lc 8, 5) y endurecido. Escuchan la predicación por fuera con sus oídos, pero no la reciben en su corazón. En ellos las palabras caen junto al borde del camino, no en el camino de la creencia y de la obediencia, *pues la fe no es cosa de todos* (2 Tes 3, 2) y *no todos obedecen al evangelio* (Rom 10, 16). En efecto, entre el oído y el corazón revolotea el demonio. Lo que entra por un oído, el demonio lo saca por el otro, como se dice vulgarmente, para que no descienda hasta el corazón. Cuando el predicador se levanta para hablar por fuera, también se levanta el diablo para contradecir por dentro; así, o bien sugiere que lo que se dice es falso, o bien tergiversa de una manera o de otra lo que se dice con verdad, o bien emite un juicio condenatorio acerca de lo que se dice, o bien carga con el sueño o con otros pensamientos al destinatario de la predicación.

11. Otros tienen la facilidad de la obediencia, pero carecen de la virtud de la constancia, como los hijos de Efraín, que son diestros tendiendo el arco, pero se dan la vuelta el día del combate (cf. Sal 77, 9). Rápidamente se entristecen y más rápidamente se secan. Húmedos en la superficie, su interior es árido. Son inconstantes y frívolos. No poseen la profunda raíz de la caridad, la cual, como *cree todo*, así *soporta todo* (1 Cor 13, 7). En tiempo de paz creen, pero en el tiempo de la tentación interior y exterior, ceden. Son castos cuando no sienten comezón por dentro, son valientes cuando por fuera nada los amenaza, son mansos si nadie los molesta, son devotos si todo les sale bien. A este tipo de personas convienen las siguientes palabras:

quibus illud convenit: «Confitebitur tibi cum benefeceris ei». Vere filii Adam – ut qualis pater, tales filii – qui eo usque stetit, donec cadendi habuit occasionem. O miles fortis et strenuus qui fortiter stetit, donec leviter pulsus facile rueret! Sicut primi nimis duri, sic hi nimis molles; illi obstinati, hi pusillanimes; illi non recipiunt verbum, hi non retinent.

12. Tertii vero retinent, non tamen sibi ad fructum, sed contra se in testimonium – terra sub veteri maledictione squalida et inculta, spinas et tribulos germinans – contra quos clamat propheta: «Novate vobis novale et nolite serere super spinas».

13. Primos obdurat malitia, secundos resolvit cordis inopia, tertios coarctat avaritia, sollicitudo vastat, opprimunt curae, suffocant divitiae, evirant voluptates, crapula et ebrietas gravant, ut in manu ebrii pro frumento spinae ortae eam pungant ac lacerent.

14. Quis hodie, fratres, allegante hoc ipso Dei Verbo, ipsa Veritate exponente, interpretante divina Sapientia quae omnium novit naturam, veri ordinem, numerum, mensuram, pondus, proprietatem, figuram, exemplum, divitias spinas putat? Quis divitias ut spinas amplecti respuit? Mihi credite, immo Dei Verbo credite, divitiae spinae sunt, quas qui amplectitur, sicut fasciculum spinarum, quanto arctius sibi astringit, tanto acrius se pungit. Sed stulti dum sub sentibus esse delicias putant, veris et intimis punctionibus lacerantur, dum falsis ac brevibus delectationibus eluduntur.

Te alabará cuando le hayas colmado de beneficios (Sal 48, 19). Son verdaderos hijos de Adán (de tal padre tal hijo), quien se mantuvo de pie hasta que tuvo ocasión de caer. ¡Oh soldado fuerte y valeroso que se mantuvo firme hasta que recibió un leve empujón y cayó con facilidad! Igual que los primeros son demasiado duros, estos son demasiado blandos; igual que aquellos obstinados, estos pusilánimes; aquellos no reciben el Verbo, estos no lo guardan.

12. Los terceros, por su parte, guardan el Verbo, pero no para su provecho, sino como testimonio contra sí mismos. Estos son como la tierra que bajo la vieja maldición se ha convertido en áspera e inculta, que produce espinas y abrojos (cf. Gn 3, 18). Contra ellos el profeta clama diciendo: *Escardad vuestro barbecho y no sembréis sobre espinos* (Jr 4, 3).

13. A los primeros los endurece la maldad, a los segundos los debilita la falta de energía anímica, a los terceros los estrecha la avaricia, los devastan las preocupaciones, los oprimen los cuidados, los ahogan las riquezas, los afeminan los placeres, los sobrecargan el exceso de comida y la ebriedad, de manera que en la mano del ebrio en lugar de trigo han crecido espinas que se clavan en ella y la hieren (cf. Prov 26, 9).

14. ¿Quién, hermanos, a pesar de que el propio Verbo de Dios lo afirma, la verdad misma lo explica y la sabiduría divina lo interpreta, considera hoy a las riquezas espinas? La divina sabiduría conoce la naturaleza de todas las cosas, el orden, el número, la medida, el peso, la propiedad, la figura y el modelo de lo verdadero. ¿Quién rechaza abrazar las riquezas por ser espinas?[6] Creedme o, mejor aún, creed al Verbo de Dios: las riquezas son espinas. Abrazarlas es como apretujar un ramo de espinas: cuanto más fuerte se las aprieta, más dolorosos son sus pinchazos. Pero los tontos, mientras piensan que bajo las espinas hay placeres, sufren el dolor provocado por pinchazos verdaderos y penetrantes al ser engañados por placeres falsos y breves.

6. Gregorius Magnus, *Homiliae in evangelia* 15, 1, 14-17.

15. Hic occurrit, dilectissimi, quod, quando foris loquentes ab his spinis tamquam cibo gehennae homines deterremus, acclamant omnes spinas vere esse divitias; mundo plus nobis ipsi derogant, abominantur, devovent; detestantur saeculi huius aerumnosam conversationem et spinosa studia, nec tamen eas deserunt; nos felices, quasi iam evaserimus, laudant ac beatificant; se accusant et damnant, et mundo quem diligunt maledicunt; serviunt et detrahunt; fenum portant et murmurant: non possessores sed possessi a mundo, immo sub ipso constrati et obruti, sicut ignivomus ille sub montium mole gigas, surgere nequeunt; in quibus regnante huius mundi amore, caritas Patris, ut verbo rusticano utamur, profundam micam non habet, quae sola semen Filii ad fructum recipit.

16. Gratias agamus agricolae Patri, qui semini Filii per Spiritum sanctum fecit nos idoneos, ignem caritatis diffundens in cordibus nostris, quo spinis exustis terra nostra excocta tricenum, sexagenum, vel etiam centenum fructum fert in patientia. Oboedientia enim verbi semen suscipit, patientia fructificat, perseverantia metit.

Et sicut de agonistis exemplificat apostolus: «Omnes currunt sed unus accipit bravium», sic et de virtutibus dicere est: omnes ad regnum Dei currunt, sed una capit bravium.

17. Currit mundi contemptus, currit paupertas, currunt vigiliae, currit eleemosyna, currit abstinentia, currit oboedientia, currit patientia: sola perseverantia coronatur. Nam «qui perseveraverit usque in finem,

7. Augustinus, *Enarrationes in psalmos* 132, 12, 15.

15. En este punto viene a mi pensamiento, queridísimos hermanos, que cuando nosotros, hablando en el exterior, alejamos a los hombres de estas espinas como si fueran alimento del infierno, todos ellos admiten que las riquezas son verdaderamente espinas. Condenan el mundo más que nosotros, lo abominan, lo maldicen. Detestan la vida atribulada y los afanes espinosos de este mundo, mas no los abandonan. Nos felicitan y nos alaban como si ya nos hubiéramos evadido. Ellos se hacen reproches, se condenan y maldicen el mundo al que aman. Sirven al mundo denigrándolo. Llevan (como un carro) el heno y chirrían (sus ruedas)[7]. No poseen el mundo, sino que son poseídos por él. Es más, se encuentran abatidos y abrumados bajo el mundo –como estaba aquel gigante, que vomitaba fuego, bajo el peso de las montañas[8]– y no son capaces de levantarse. Como en ellos impera el amor a este mundo, la caridad del Padre no tiene un terreno profundo, por emplear una expresión rústica, que reciba en exclusividad la semilla del Hijo para que pueda dar fruto.

16. Demos gracias al agricultor, al Padre, que nos hizo idóneos para recibir la semilla por el Espíritu Santo, difundiendo en nuestros corazones el fuego de la caridad. Una vez que este fuego ha quemado las espinas, nuestra tierra, purificada, produce fruto gracias a la paciencia (cf. Lc 8, 15) de treinta, sesenta o incluso cien veces mayor. En efecto, la obediencia acoge la semilla del Verbo, la paciencia la hace fructificar y la perseverancia la cosecha.

El Apóstol compara esto con una competición atlética: *Todos corren, pero solo uno recibe el premio* (1 Cor 9, 24). Esto mismo se puede decir de las virtudes: todas corren al reino de Dios, pero solo una recibe el premio.

17. Corre el desprecio del mundo, corre la pobreza, corren las vigilias, corre la limosna, corre la abstinencia, corre la obediencia, corre la paciencia, pero solo la perseverancia recibe la corona. En efecto, *quien persevere hasta el fin se salvará* (Mt

8. Se refiere a Encélado, que fue sepultado por Júpiter bajo el Etna, según cuenta Virgilio en *Aeneis* 3, 578-582.

salvus erit», et Dominus fines terrae iudicat. Nam media sicut initia discussionem non habent; nec incipere, sed perficere pro virtute habetur. Itaque oboedientiam commendat patientia, patientiam coronat et beatificat perseverantia. Oboedientiam exercet et probat patientia; patientiam glorificat perseverantia. Quam nobis conferre dignetur qui oboedientiam nobis contulit, patientia non usquequaque privavit, Pater per Filium in Spiritu. Amen.

10, 22) y el Señor juzga los confines de la tierra (cf. 1 Sm 2, 10). Ni el inicio ni la mitad cuentan. No es el comenzar, sino el acabar lo que es considerado virtud. Por eso la paciencia confiere valor a la obediencia, la perseverancia corona y beatifica a la paciencia. La paciencia ejercita y pone a prueba a la obediencia, la perseverancia glorifica a la paciencia. Que se digne concedernos la perseverancia aquel que nos concedió la obediencia y de ningún modo nos ha negado la paciencia, el Padre por el Hijo en el Espíritu Santo. Amén.

IN EODEM FESTO II
[Sermo 19]

1. «Exiit qui seminat seminare semen suum». Exiit quidem de utero Virginis Filius hominis et semetipsum, id est Dei Verbum, seminavit in auribus hominum voce, in oculis exemplo, in cordibus gratia. Sed dum seminat, auditorum quatuor inveniuntur differentiae. Primi audiunt, sed credere non sinuntur, ut bene agant, a maligno, cui se manciparunt; cui servi addicti, quasi ab eo victi, venumdati sunt ut male agant. Secundi audiunt et cum gaudio, id est facile, recipiunt; sed eadem levitate tacti, tentationis aestu reiciunt et abortivum faciunt; qualibus convenit illud Ieremiae: «Periit fides, et ablata est de ore eorum». Tertii vero ore confitentes, factis suffocant. Quarti corde credunt ad iustitiam et ore confitentur ad salutem.

2. Sed altius intuenti liquet hunc satorem, nec hinc prius exiisse, nec hic prius sevisse, nec nunc prius has agri differentias reperisse. «Exivi», inquit, «a Patre, et veni in mundum», utique, sed per uterum. Unde nec prius exivit de homine, nec prius sevit in hominibus. Neque enim ad homines prius locutus est Deus, sed neque ad angelos. «Semel», inquit, «locutus est Deus et secundo non repetit illud». Et quaerimus, fratres, dignum que quaesitu est, pietatis non curiositatis, devotionis non praesumptionis, cui locutus est semel, quod repetere non debet, nec aliud pro illo loqui Deus, qui omnia potest.

SERMÓN 19

1. *El sembrador salió a sembrar su simiente*... (Lc 8, 5). El Hijo del hombre salió del útero de la Virgen y se sembró a sí mismo, es decir, al Verbo de Dios, en los oídos de los hombres por medio de su voz, en los ojos por medio de su ejemplo y en los corazones por medio de su gracia. Mientras siembra se encuentran cuatro tipos de oyentes. Los primeros oyen, pero el Maligno, a quienes se han entregado, les impide creer para hacer el bien; se someten a él como esclavos, como si hubieran sido derrotados, y son vendidos por él para hacer el mal (cf. 1 Mac 1, 16). Los segundos escuchan el Verbo y lo acogen con alegría, esto es, con facilidad; sin embargo, con la misma facilidad, en el ardor de la tentación lo rechazan y lo destruyen antes de que nazca. A estos se aplican bien las palabras de Jeremías: *Ha perecido la fe y ha sido arrancada de su boca* (Jr 7, 28). Los terceros, por su parte, confiesan su fe con su boca, pero la sofocan con sus acciones. Los cuartos creen con su corazón para ser justificados y confiesan con su boca para ser salvados (cf. Rom 10, 10).

2. No obstante, a quien contempla con mayor profundidad, le parece claro que este sembrador no salió primero de aquí, ni sembró primero aquí, ni se encontró ahora por primera vez con las diferencias en su campo. *Yo salí del Padre*, dice, *y vine al mundo* (Jn 16, 28), ciertamente a través del útero de la Virgen. Por tanto, no salió primero de un ser humano, no sembró primero entre los hombres. No fueron los hombres ni los ángeles los primeros a los que habló Dios. *Dios habló una vez*, dice, *y no lo repitió una segunda vez* (Job 33, 14). Nosotros preguntamos, hermanos (esta pregunta es digna de ser planteada por piedad y no por curiosidad, por devoción y no por presunción), ¿a quién dijo Dios, el omnipotente, solo una vez lo que no debe repetir ni reemplazar por otra palabra?

3. Itaque, fratres mei, quaedam Deo devota mens, et amoris impatiens, quaesivit in lecto, quaesivit extra lectum in civitate, quaesivit per vicos, quaesivit per plateas dilectum suum, et omnino invenire non potuit, donec vigiles, id est angelos qui numquam dormiunt, pertransisset. Cum autem pertransisset omnem angelicae naturae celsitudinem, tunc primum invenit, inventum tenuit nec dimisit. O beata anima quae tam studiose quaesivit, feliciter invenit, fortiter tenuit, sapienter servavit!

4. Quid agimus, fratres? Nonne ad omnem spiritualem exercitationem haec pauca, sed non parva, sufficere debent: quaesivit, invenit, tenuit nec dimisit? Quid aliud agendum vel amplius restat?

5. Quaesivit illa perspicax oculis et deivida aquila istud quod quaerimus, primum et unum Verum, ac emenso toto quod de non esse venit ad esse, in principio reperit quod esse non coepit: «In principio», inquiens, «erat Verbum». Sed quomodo in principio, quod esse non potest sine principio? Omne enim quod verbum est, sine omni principio esse nequaquam potest. Alicuius enim verbum esse necesse est, omne quod verbum est, et a dicente, ut verbum sit, ipsum exire, liquidum est.

6. Exivit ergo Verbum ab eo, cuius est verbum. Sed quomodo et quando et quale et a quo exivit primum Verbum? Quis enim prius et quid et quomodo et cui locutus est? Sed ut haec, fratres, nunc plenius indagemus, paulo altius a communi et consueto sermone ordiendum est.

1. En varios pasajes de su comentario al evangelio de Juan, san Agustín alaba la virtud de este evangelista por haberse elevado con sus alas por encima no solo de los límites del universo creado, sino también por encima de la región de los ángeles, acercándose a aquel por quien todo fue hecho (cf. por ejemplo, *In Iohannis evangelium*, 36, 1). Este pasaje de Isaac nos recuerda el elogio que hace Juan Escoto Eriúgena del evangelista Juan al comienzo de su homilía al prólogo del cuarto evangelio. En él dice que Juan vuela hasta el mundo de las realidades que superan toda inteligencia y comprensión y es elevado hasta el principio único de todas las cosas (*Homilia super In principio erat Verbum* 1; versión cast.: *Homilía*

3. A esto se debe, hermanos míos, que el alma devota de Dios, en la impaciencia de su amor, buscó en su lecho, buscó fuera de su lecho en la ciudad, buscó por las calles, buscó por las plazas a su amado y no pudo encontrarlo hasta que no fue más allá de los vigilantes, es decir, de los ángeles que no duermen nunca (cf. Dn 4, 10). Pero cuando fue más allá de la excelsa naturaleza angélica, lo encontró, lo retuvo y no lo soltó (cf. Cant 3, 1-4). ¡Oh alma bienaventurada que lo buscó con tanto afán, lo encontró tan felizmente, lo retuvo tan fuertemente y lo conservó tan sabiamente!

4. Y nosotros, hermanos, ¿qué hacemos? Estas pocas, pero no insignificantes palabras: buscó, encontró, retuvo y no soltó, ¿no deben ser acaso suficientes para llevar a cabo toda nuestra ejercitación espiritual? ¿Qué otra cosa queda por hacer?

5. Aquella águila de mirada penetrante, capaz de ver a Dios[1], buscó lo que nosotros buscamos, al Verbo primero y único. Después de recorrer todo lo que vino al ser del no ser, encontró en el principio lo que no comenzó a ser: *En el principio*, dijo, *era el Verbo* (Jn 1, 1). Pero ¿cómo puede ser en el principio lo que no puede ser sin principio? Todo lo que es verbo, en efecto, no puede de ninguna manera ser sin algún principio. El verbo es necesariamente verbo de alguien. Está claro que todo lo que es verbo, para serlo, tiene que salir de una persona que lo dice.

6. Por tanto, el Verbo salió de aquel de quien es Verbo. Pero ¿cómo y cuándo, con qué cualidades y de quién salió el Verbo por primera vez? ¿Quién fue el primero que habló, qué dijo, cómo y a quién? Para investigar estas cuestiones, hermanos, tenemos que comenzar con un discurso un poco más profundo que el corriente y habitual.

al Prólogo y Comentario al evangelio de san Juan, Sígueme, Salamanca 2024). Escoto afirma además que, a Juan, superando su propia naturaleza humana, deificado, le fue concedido incluso escuchar al propio Verbo y predicar su palabra a los hombres (*Homilia super In principio erat Verbum* 4). En cuanto al simbolismo del águila, Juan Escoto explica que este animal es el rey de los animales celestes, del mismo modo que el león lo es de los terrestres. Así, el águila, con su vuelo, va más allá de las nubes y se acerca al mundo de los ángeles; su mirada es aguda, su vida es sobria, sus movimientos son ágiles, lo que la convierte en un ser semejante a los ángeles (*Expositiones* 15, 831-859, p. 209).

7. Itaque ante omnia, ut aliqua, quaecumque sunt, aliquo modo sint, omnino necesse est ut simpliciter sint. Nam quod nullo modo est, nihil est; quod autem non est, nullo modo prorsus est et tantummodo nihil est. Essentia igitur mera in omnibus et compositione prior et resolutione posterior occurrit. Ante eam etenim nihil invenitur quod subiaceat formis, nec post eam quidquam, formis ab ea intellectu abstractis – dividit enim intellectus quod non dividit effectus –; et cui accedere aliquid ad statum ut illud sit, ei et decedere potest idem ne illud sit. Sed et ipsa forma, quae accedere materiae ac decedere potest, si non est, etiam nihil est.

8. Quidquid igitur est, accepta essendi forma est atque subsistit ut hoc vel illud esse, id est aliqua teneri specie, possit. Omne enim quod est, ideo est, quia unum numero est, unde possit postmodum et mensura discerni et pondere locari. Numero enim et mensura et pondere omnia omnino concludi non negat, nisi qui omnia ignorat.

9. Ideo primum de omni re investigare occurrit, cum ipsa sit, quid sit, postea qualis sit, tertio ad quid sit, id est de natura, forma et usu. Unde etiam talium studiosi, non quidem ipsi fecerunt, sed tres naturaliter disciplinas esse invenerunt, in quibus sufficienter omnis sapientiae studium versari cognoverunt, videlicet physicam, logicam, ethicam: id est naturalem, rationalem, moralem.

2. «Una cosa es el ser (*esse*) y otra lo que es (*id quod est*). En efecto, el propio ser (*ipsum esse*) todavía no es. Lo que es, por el contrario, una vez que ha recibido la forma del ser (*forma essendi*), es y subsiste», Boethius, *Quomodo substantiae in eo quod sunt bonae sint*, en PL 64, 1311B.

7. En primer lugar, para que algo –sea ello lo que sea– exista de una materia determinada, es necesario que simplemente exista. En efecto, lo que no existe de ninguna manera, simplemente es nada; lo que no existe, no existe de absolutamente ninguna manera y es simplemente nada. Así pues, la existencia pura es lo primero que se encuentra en la composición de todas las cosas y lo último en su disolución. Antes de ella no se encuentra nada que subyazca a las formas; después de ella no se encuentra nada, una vez que por medio del pensamiento –el pensamiento separa lo que el acto no separa– se han abstraído de ella las formas. Lo que puede sobrevenir a una cosa para que sea de una determinada manera también le puede ser substraído para que deje de serlo. Pero si no hay una forma que pueda sobrevenir a la materia y separarse de ella, no existe nada.

8. Por consiguiente todo lo que existe, existe y subsiste una vez que ha recibido una forma de ser para que pueda ser esto o aquello[2], es decir, para que pueda ser especificado. En efecto, todo ser existe porque es numéricamente uno[3], gracias a lo cual después puede ser determinado por la medida y localizado por el peso. Solo el que ignora todo, niega que todo es contenido en el número, en la medida y en el peso (cf. Sab 11, 21).

9. Por eso, en toda cosa, cuando esta existe, debemos investigar primero qué es; después qué propiedades tiene, y, por último, para qué es; dicho con otras palabras, debemos investigar acerca de su naturaleza, su forma y su uso. A partir de aquí los estudiosos de tales cuestiones no inventaron, sino que descubrieron que por naturaleza existen tres disciplinas que, como ellos mismos constataron, engloban de manera suficiente toda la investigación acerca de la sabiduría: la física, la lógica y la ética, esto es, la ciencia de la naturaleza, la ciencia de la razón y la ciencia moral[4].

3. Boethius, *In Porphyrium commentarius* 1, en PL 64, 83B.

4. Augustinus, *De civitate Dei* 11, 25. Esta clasificación continúa vigente en el siglo XII, McGinn, *Theologia in Isaac of Stella*, 221-222; Buchmüller, *Isaak von Étoile*, 244-249.

10. Naturalem itaque primum sequentes, quaeramus quid esse poterit, omne quod esse constiterit. Omne igitur quod existit, aut per se existit, aut alio eget ut existat. Quod autem per se subsistit, dignius est eo quod alio eget ut existere queat. Itaque Deum, quo nihil dignius credimus, inquirentes, quidquid melius dignius que occurrit, libenter sequamur, carissimi, donec ad dignissimum et quo melius esse nihil possit, saltem ratione perveniamus, affectione autem teneamus, diligentia custodiamus.

11. Relicto igitur, quod per se non subsistit, sed alio adiacet ut existere queat, unde adiacens sive accidens iure nominatur, rem per se existentem tractemus. Verumtamen hic opus est secunda, quam diximus, disciplina, ut qualiter per se res subsistere quaelibet possit, discernatur.

12. Subsistere itaque dicitur res natura vel actu, ratione vel re. Verbi gratia, ut homo subsistat ratione sive natura, praeter animal rationale mortale, nihil quaeritur. Hoc enim totum esse hominis est, et ut homo subsistat homo, nihil superponitur; ut autem sapiens sit necne, huius vel illius moduli, pater an filius, albus aut niger, sedeat aut non, hic vel alibi sit et quando, agat vel patiatur, armatus sit sive inermis, minime quaeritur ad hominem esse, sine qualibet tamen constat neminem esse, id est re actu que subsistere.

13. Subsistit itaque homo per se ut sit homo, et subsistit per se quilibet homo ut sit aliquis homo. Quare utrumque et substantia dicitur: et quod ratione subsistit homo, et quod actu subsistit aliquis homo. Sed hoc quod actu subsistere noscitur, proprie, principaliter et maxime substantia dicitur, unde et prima

10. Siguiendo la ciencia de la naturaleza preguntémonos qué puede ser todo aquello cuya existencia se haya constatado. Todo lo que existe, existe por sí mismo o necesita de otro para existir. Lo que existe por sí mismo es más digno que lo que necesita de otro para poder existir. Por eso, en nuestra búsqueda de Dios, de quien creemos que no hay nada más digno que él, persigamos lo que se nos presenta como mejor y más digno, queridos hermanos, hasta que finalmente lleguemos con la razón a quien es sumamente digno y en comparación con el cual no puede haber nada mejor, y después mantengámoslo con nuestro afecto y conservémoslo con diligencia[5].

11. Dejando a un lado todo aquello que no subsiste por sí mismo, sino que depende de otro para existir (de ahí que con razón se le llame «adyacente» o «accidente»), analicemos la realidad que es por sí misma. Para esta tarea necesitamos la segunda disciplina que hemos mencionado antes, para que se pueda comprender de qué manera cualquier realidad puede subsistir por sí misma.

12. Se dice que una cosa que subsiste lo hace como esencia o en acto, en el pensamiento o en la realidad. Un ejemplo: para que un hombre subsista en el pensamiento o en acto solo es necesario un ser vivo racional y mortal, pues en esto reside la totalidad del ser del hombre. Para que el hombre subsista como hombre no hay que añadir nada más. Tanto si es sabio como si no lo es, si es de este o de otro tamaño, si es padre o hijo, blanco o negro, si está sentado o no, si está aquí o allí y en un momento o en otro, si hace o padece, si está armado o desarmado, todo esto no afecta al hecho de ser hombre. Ahora bien, es evidente que nadie existe, es decir, nadie subsiste en realidad y en acto, sin estas determinaciones.

13. Así pues, el hombre subsiste por sí mismo para ser hombre. Un hombre cualquiera subsiste por sí mismo para ser un hombre en concreto. Por eso en los dos casos se habla de substancia, porque subsiste en el pensamiento como hombre y en el acto subiste un hombre en concreto. Lo que es conocido como existente en acto se llama propia, principal y especialmente «substancia», por

5. Anselmus, *Monologion* 2.

substantia nominatur. Quod autem ratione tantum et intellectu, secundario quidem subsistit, secundae substantiae nomen obtinuit.

14. Est itaque omnis substantia, id est res per se existens, aut prima aut secunda; sed differt, quia prima quidem subsistit et per se et in se, secunda vero per se, sed non in se. Non invenitur enim secunda existere nisi in prima. Secunda ergo ratione tantum sive natura sive intellectu abstrahenter; prima autem ratione simul et re, natura et actu, intellectu et statu.

15. Unde et verior et melior substantia dicitur quae ratione simul et re, numero una subsistit, quam quae ratione tantum et intellectu quasi communis et confusa suspensa que intelligitur, qualis numquam re invenitur. Nusquam enim invenitur existere homo qui non sit aliquis homo; sed neque existit aliquis hic vel ille homo, si non omnino homo.

16. Sicut ergo non subsistit secunda substantia nisi in prima, sic nec prima nisi de secunda. Ratione enim praeest secunda, ut esse possit prima; actu autem subsistit prima, ne nusquam, ac per hoc nihil, sit secunda. Nullus enim est homo, si omnino non sit homo; sed nec usquam est homo, si nullus est homo. Similiter autem his et de ipsa substantia. Nam si ipsa substantia non est, nec ista nec illa substantia erit; sed tamen cum ipsa sit, nisi in ista vel illa esse nequaquam poterit.

17. Substantia igitur omnibus per se existentibus, id est substantiis, ratione et causa, natura et quasi materia praeiacet, ut non solum sint, quod est essentiae,

lo que es denominado «substancia primera». Por otra parte, lo que subsiste solo en el pensamiento y en el intelecto, subsiste de manera secundaria, y recibe el nombre de «substancia segunda»[6].

14. Toda substancia, es decir, toda realidad que existe por sí misma, es primera o segunda. La diferencia está en que la primera subsiste tanto por sí misma como en sí misma, mientras que la segunda solo por sí misma y no en sí misma. La substancia segunda no existe sino en la primera. Luego la substancia segunda solo existe en el pensamiento, ya sea como esencia o como concepto de manera abstracta. La substancia primera, por el contrario, existe a la vez tanto en el pensamiento como en la realidad, como esencia y en la realidad, como concepto y como manera de ser.

15. Por eso se considera como mejor y más verdadera a la substancia que subsiste como una sola a la vez en el pensamiento y en la realidad en comparación con aquella que es concebida solo en el pensamiento y en el intelecto como un concepto general, confuso e inconcreto, y que no se encuentra nunca en la realidad. En efecto, en ninguna parte se encuentra que exista un hombre que no sea un hombre en concreto. Y, al contrario, si el hombre no existe absolutamente, no existe este ni aquel otro hombre.

16. Luego como la substancia segunda solo subsiste en la substancia primera, así la primera no subsiste independiente de la segunda. Desde el punto de vista de la razón, la segunda tiene prioridad, y de ahí que la primera puede existir. Pero de hecho existe la primera evitando que la segunda no exista en ningún lugar y que por eso sea nada. Ningún hombre existe si el hombre no existe absolutamente, pero el hombre no existe en ninguna parte si no existe ningún hombre. Lo mismo sucede con la substancia como tal: si la substancia como tal no existe, tampoco existirá ni esta ni aquella substancia; si existe la substancia como tal, solo podrá existir en esta o en aquella substancia.

17. Así pues, la substancia precede a todas las realidades existentes por sí mismas, esto es, a las substancias, como razón y causa, como esencia y, por decirlo así, como materia, no solo para

6. Aristoteles, *Categoriae* 5, 2b.

sed ut sint quod sunt, id est substantiae. Ipsa tamen talis, id est communis omnibus et generalis, nusquam subsistit. Et cum ante se nihil habeat tamquam materiam unde sit, sub se tamen continet sine quibus et nisi in quibus subsistere nusquam possit.

18. Occurrit itaque generaliter concludere omnem substantiam esse primam vel secundam; et omnem quidem secundam per se existere, sed in se nullam; omnem que primam per se existere, sed a se nullam: ideo que imperfectam utramque et indigam, cum et huic desit in se existere, et illi de se; illa egeat ante se unde sit, ista post se ubi et unde sit.

19. Sed ecce, dilectissimi, fateor – et nescio qua impatientia praeexsultat animus –, ex earum imperfectione quae solae ac totae substantiae sunt, interlucere incipit quasi quaedam, si dici potest, supersubstantia, quae per se et in se et ex se, omnino et ratione et re ipsa et natura et actu et intellectu et statu subsistit; cui nihil praeest ut sit aliquid, nihil subest ne sit nihil, nihil supra ut inde sit, nihil infra nisi in quo subsistere non possit, nihil ante ad naturam, nihil post ad statum, nihil extra ad formam. Quod si ita verum est, nec vano eluditur animus phantasmate, longe illud omni substantia melius est. Quare substantia nec prima nec secunda mihi nullatenus colenda erit, cum melius aliquid, etsi fortasse non sit, sed certe cogitari possit.

7. Aquí se nota la influencia de la lengua del Pseudo-Dionisio Areopagita, que emplea frecuentemente términos compuestos con la preposición ὑπερ-/*super-* para referirse a las realidades divinas (cf. por ejemplo *De divinis no-*

que existan, o sea, para que tengan existencia, sino también para que sean lo que son, esto es, substancias. Pero la substancia como tal, esto es, la substancia común a todas las cosas y general, no subsiste en ningún lugar. Ella no tiene delante de sí algo que sea como materia de la que reciba la existencia, pero contiene por debajo de sí las realidades sin las cuales no puede subsistir en ninguna parte y solo en las cuales puede subsistir.

18. De todo ello se concluye de manera general que toda substancia es primera o segunda, que toda substancia segunda existe por sí misma, pero ninguna en sí misma; que toda substancia primera existe por sí misma, pero ninguna a partir de sí misma. Por eso ambas son imperfectas y tienen una carencia, pues a una le falta el existir en sí misma y a otra el existir a partir de sí misma; una necesita algo anterior de lo que proceda, mientras que la otra necesita algo posterior para estar en cierto lugar y de cierta manera.

19. Llegados a este punto, queridos hermanos, os confieso que mi alma exulta por una inesperada agitación: de la imperfección de las cosas, que solo ellas son substancias y enteramente substancias, comienza a brillar una realidad a la que, si me permitís, podríamos denominar supersubstancia[7], la cual existe por sí misma, en sí misma y de sí misma, la cual subsiste completamente tanto en el pensamiento como en la propia realidad, tanto en esencia como en acto, como concepto y como manera de ser. Nada la rige para que sea algo, nada la sostiene para preservarla de ser nada. Nada hay por encima de ella de lo que reciba su ser, nada está por debajo sin lo cual no pueda subsistir. Nada hay antes de ella que le dé la existencia, nada hay después de ella que le dé la manera de ser, nada hay fuera de ella que le dé la forma. Si esto es así verdaderamente y el alma no es engañada por una ilusión vana, esta realidad es mejor con diferencia que cualquier substancia. Por eso yo no deberé ocuparme de la substancia primera ni de la substancia segunda, pues algo mejor, incluso suponiendo que no exista, puede ser pensado.

minibus 2, 3-4, donde encontramos términos como ὑπερούσιος (*superexistens*), ὑπεράγαθος (*superbonus*), ὑπέρσοφος (*supersapiens*).

20. Accidens vero, ut diximus, omni substantia posterius est, ac per hoc, cum nisi in substantia esse non possit, sine substantia necesse est ut nihil sit. Itaque si non est substantia, non est accidens; sed si non est accidens, quod novem praedicamenta complectitur, nulla omnino erit secunda, per quam specificentur a superioribus inferiores substantiae, et per quam descendant in primas substantias secundae. Quare si nulla sit forma, nulla subsistet actu prima substantia. Quod si nulla subsistit prima, nulla omnino erit secunda, quae subsistere non habet, nisi in prima.

21. Nihil ergo convincitur esse substantia, si nihil est accidens; sed nec sine substantia accidens quidquam, nec sine accidenti substantia usquam. Nam qualis abstrahenter intelligitur secunda substantia, nusquam in se est et actu nihil est; sed confuse concipitur animo et suspenditur intellectu, donec adventantibus formis quasi vestiatur et in aliqua prima re actu que statuatur. Quae tamen prima nulla omnino erit, si forma non fuerit; sed nec forma, nisi ipsa sit.

22. Itaque utrumque, id est subiectum et accidens sive substantia et forma, per se sine altero consideratum, manifeste invenitur nihil et inane, ut ex duobus nihilis, id est materia per se et forma per se, constet tertium esse non nisi nihil, id est omne compositum. Sicut manifeste ait propheta, de homine generaliter loquens: «Omnes», inquit, «gentes quasi non sint, sic sunt coram eo» – videlicet qui vere est, ac per se et in se, et non in alio ante se vel supra se –, «et quasi nihil et inane reputatae sunt», tamquam de nihilo et inani sumptae. Ergo, fratres, «qui se existimat aliquid esse, cum nihil sit, ipse se seducit».

20. El accidente, como hemos dicho, es posterior a toda substancia y por eso, puesto que solo puede existir en la substancia, necesariamente es nada sin la substancia. Si no hay substancia no hay accidente. Pero si no hay un accidente que comprende nueve categorías[8], de ninguna manera existirá una substancia segunda capaz de distinguir específicamente las substancias inferiores de las superiores y de hacer descender las substancias segundas a las primeras. Por eso, si no hay ninguna forma, ninguna substancia primera subsistirá en acto. Y si no subsiste ninguna substancia primera, no existirá ninguna substancia segunda, pues esta solo puede subsistir en la primera.

21. Está demostrado que la substancia es nada si no hay accidente. Sin substancia, el accidente es nada; sin accidente, no existe substancia en ningún lugar. La substancia segunda, tal como es comprendida por abstracción, no está en ningún lugar en sí misma y es nada en acto, pues es concebida de manera vaga por el espíritu y permanece incierta como concepto hasta que, por decirlo así, es revestida con las formas que le sobrevienen y es determinada en una substancia primera de manera real y en acto. Una substancia primera no existirá de ninguna manera si no hay forma, pero tampoco existirá una forma si no existe una substancia.

22. Por consiguiente, los dos elementos, el sujeto y el accidente, la substancia y la forma, considerados por separado sin su pareja, se revelan a la evidencia como algo no existente y vacío. Así pues, es evidente que de las dos nadas, de la materia por sí misma y de la forma por sí misma, el tercero que resulta, o sea, todo compuesto, no es otra cosa que nada. El profeta lo dice con claridad hablando del hombre en general: *Todas las naciones son como si no fueran nada, así son ante él* –a saber, ante la presencia de quien verdaderamente es tanto por sí mismo como en sí mismo y no en otro que exista antes que él o por encima de él– *y son estimadas como nada y vacío* (Is 40, 17), o sea, como si fueran sacadas de la nada y del vacío. Luego, hermanos, *quien se imagina ser algo, al no ser nada, se engaña a sí mismo* (Gal 6, 3).

8. Isaac menciona aquí las categorías de Aristóteles: cantidad, cualidad, relación, lugar, tiempo, posición, posesión, acción y pasión.

23. Taceamus ergo aliquid quaerere cum nihil simus, quaerere quod vere est cum vere omnino non simus. Ad omnium enim differentiam dictum est: «Ego sum qui sum», ut dicere possit omne quod id non est: Ego sum qui non sum, aut: Non sum qui sum. Eia, quo profecimus, fratres? Aliquid quaerentes, nihil invenimus. Deum quaerentes, nosmetipsos perdidimus. Cum enim tenuissima rimula interlucere coepit de nonnihilo aliquid, magno iam nobis lumine claruit, quam de nihilo nihil simus. Domine, vere «in lumine tuo videbimus lumen» tuum et tenebras nostras.

24. Sed hic, dilectissimi, pausandum est nobis hodie, cum et labore et sermone fatigati simus. Utrumque enim panem in sudore vultus nostri vescimur, dum peregrinamur a domo illa, ubi est «in voce exsultationis et confessionis sonus epulantis», ad quam nos perducat, propter quem etiam in hac insula et eremo ab universo ferme terrarum orbe exsulamus. Amen.

23. Guardemos, pues, silencio y dejemos de buscar cualquier cosa, puesto que somos nada. Dejemos de buscar lo que existe de verdad, puesto que no existimos completamente de verdad. En efecto, para distinguirse del resto dijo: *Yo soy el que soy* (Ex 3, 14), de manera que cualquiera que no sea él puede decir: «Yo soy quien no soy» o «no soy quien soy». Y bien, hermanos, ¿hasta dónde hemos avanzado? Buscando algo hemos encontrado la nada. Buscando a Dios nos hemos perdido a nosotros mismos. En el momento en que a través de una mínima rendija se ha comenzado a filtrar un rayo proveniente de la nada, se nos ha manifestado con una luz clara hasta qué punto somos la nada provenientes de la nada. Señor, verdaderamente *en tu luz veremos la luz* tuya (Sal 35, 10) y las tinieblas nuestras.

24. Pero hoy, queridos hermanos, tenemos que dejarlo aquí, porque ya estamos cansados del trabajo y del sermón. En el sudor de nuestro rostro comemos los dos panes (cf. Gn 3, 19) mientras somos peregrinos y estamos lejos de aquella casa, donde *el sonido del banquete resuena en gritos de júbilo y alabanza* (Sal 41, 5). Que nos conduzca a esta casa aquel a causa de quien vivimos en este exilio, en esta isla y en este desierto, alejados de casi toda la tierra. Amén.

IN EODEM FESTO III
[SERMO 20]

1. Heri, dilectissimi, quaerentes Deum, ut scitis, nosipsos dum perdidimus invenimus. Congrue quidem, quasi qui infra et extra nos cecidimus, intus per nos ad ipsum redeamus. Tenui et arcto cancello perfuso divinae faciei lumine reverberati in facies nostras cecidimus, id est ab aestimatione nostri supra quod sumus in agnitione ipsius quod sumus. Postremo investigantes quid sit Deus, quid non sit reperimus.

2. Circumeuntes per vicos et plateas, id est omnes substantias rationales et reales status, in ipsis ipsum non invenimus, cuius aliud non est natura et res naturae; qui non aliter per abstrahentiam mente concipitur quam re subsistit. Quare nihil omnium est, aut potius omnia de nihilo nihil sunt, ipso solo nec nihil neque de nihilo extante. Quaerendus est ergo, ut cernitis, fratres, supra omnia quae de nihilo nihil sunt, is qui nec aliquid omnium nec omnino nihil est.

3. Sed quo ituri sumus, Domine Deus noster, extra universitatem? Quibus volaturi pennis supra omnem corpoream incorpoream que substantiam, homines carne onusti, peccatis graves, ut quaeramus te, quibus nihil satis, nihil iucundum esse poterit extra te? Domine, «ecce omnia reliquimus pro te» et si in-

1. Un deslumbramiento semejante es descrito por san Agustín en *Confessiones* 7, 10, 16. La metáfora de la rendija que filtra la luz divina se encuentra en san Gregorio Magno, *Homiliae in Hiezechihelem prophetam* 1, 8, 17, 334-336.

SERMÓN 20

1. Ayer, queridos hermanos, en nuestra búsqueda de Dios, como sabéis, perdiéndonos nos encontramos. Es conveniente que, habiendo caído como por debajo y fuera de nosotros mismos, volvamos interiormente por nosotros mismos a él. Deslumbrados por la luz del rostro de Dios, filtrada a través de una rendija estrecha y angosta hemos caído sobre nuestros rostros[1], es decir, de la estimación que teníamos de nosotros mismos por encima de lo que somos, al conocimiento de aquello que somos. Al final, investigando qué es Dios, hemos descubierto qué no es.

2. Caminando por calles y plazas (cf. Cant 3, 2), o sea, a través de todas las maneras de ser de la substancia en el pensamiento y en la realidad, no hemos encontrado en ellas a aquel en quien no se distinguen la esencia y la existencia de la esencia, aquel que no es concebido en la mente por abstracción de manera diferente a como subsiste en la realidad. Por eso, él no es nada de todo lo que es. Mejor aún, mientras que todas las cosas que vienen de la nada son la nada[2], él es el único que no es la nada ni existe proveniente de la nada. Por eso, hermanos, como veis, debemos buscarlo sobre todas las cosas que son nada a partir de la nada, pues él no es alguno de todos los seres que existen ni es de ninguna manera algo.

3. Pero ¿a dónde iremos, Señor Dios nuestro, al estar tú fuera del conjunto de todos los seres? ¿Con qué alas volaremos por encima de toda substancia corpórea e incorpórea para buscarte, si somos seres humanos cargados con el peso de la carne, abrumados por los pecados? Nada nos podrá bastar, nada podrá ser agradable fuera de ti, a nosotros que hemos abandonado todo

2. Cf. Anselmus, *Monologion* 8.

venimus gratiam coram te, ostende nobis desiderabilem et amabilem ipsum te.

4. Renuit omnem consolationem anima nostra. Sola memoria tui et exercitatione tali delectamur: et ecce defecit spiritus noster quia nondum vidit te. Si neque corporea neque incorporea substantia es, quid es? Videamus itaque, fratres, ne forte sit incorporea substantia, sicut vigiles, quos tamen pertransivit illa quae diligenter quaesivit et feliciter invenit.

5. Substantia igitur, quae generalissima mente concipitur, primum et sufficienter dividitur in corpoream et incorpoream substantiam. Omnis enim substantia talis vel talis sit necesse est; et quae talis non est, nec substantia est. Sed substantiae proprie proprium, et quod par illi sit, est susceptibilitas contrariorum. Unde et ipsa susceptibilitas contrariorum regula parium dicitur de quacumque substantia ipsa. Unde et haec et illa, sicut substantia est, ita et contrariorum susceptibilis est. Hinc est quod non solum per diversa ac disparata quaelibet, quinimmo et per contraria mutabilis sit. Unde et secundum aliam disciplinam ipsa substantia dicta est elementorum et omnium mutationum fundamentum, per omnia mutabilis et cunctis substans, sibi numquam constans.

6. Nos autem quaerebamus non permutabile fundamentum accidentium, sed incommutabilem Patrem «luminum, penes quem non est transmutatio nec vicissitudinis obumbratio», quem liquet nec incorpoream proprie posse substantiam dici, quem nefas est susceptivum contrariorum profiteri. Profecto enim quod incommutabile est commutabili melius esse manifestum est. Quod autem incommutabile est, ut ex superio-

por ti (cf. Mt 19, 27). Si hemos encontrado gracia ante ti, muéstrate a nosotros, pues te deseamos y amamos.

4. Nuestra alma rechaza toda consolación (cf. Sal 76, 3). Solo encontramos alegría recordándote y ejercitándonos en este recuerdo. Pero he aquí que desfallece nuestro espíritu porque todavía no te ha visto (cf. Sal 76, 3-4). Si no eres una substancia corpórea ni incorpórea, ¿qué eres? Veamos pues, hermanos, si Dios no podría ser una substancia incorpórea, como los centinelas ante quienes pasó aquella que con ardor buscó y felizmente encontró (cf. Cant 3, 3-4).

5. La substancia, concebida de manera general, se divide, en primer lugar y de manera suficiente, en substancia corpórea y substancia incorpórea. Toda substancia es necesariamente una u otra, y la que no es así no es substancia. Pero lo que es absolutamente propio de la substancia, lo que es su equivalente perfecto, es la posibilidad de admitir contrarios[3]. Por eso esta posibilidad de admitir contrarios es llamada regla de los iguales, sea cual sea la naturaleza de la substancia. En consecuencia, tanto la substancia corpórea como la substancia incorpórea, por el hecho de ser substancias, son susceptibles de admitir contrarios. De ahí que la substancia sea mutable no solo debido a propiedades diversas y desiguales, sino también debido incluso a propiedades contrarias. Por eso, según otra disciplina, la substancia como tal es llamada fundamento de los elementos y de todas las mutaciones, mutable en todo, sosteniendo todo y nunca constante para sí misma.

6. Ahora bien, nosotros buscábamos no el fundamento mutable de los accidentes, sino al inmutable *Padre de las luces, en quien no hay cambio ni sombra de variación* (Sant 1, 17). Es evidente que no se puede decir de él con propiedad que sea una substancia incorpórea, puesto que sería impío afirmar de él que es susceptible de admitir contrarios. En efecto, es manifiesto que lo que es inmutable es mejor que lo que es mutable; sin embargo,

3. Aristoteles, *Categoriae* 5, 4a, traducido por Boecio en *Aristoteles latinus*, *Categoriae vel praedicamenta*, 11-12.

ribus claret, nec substantia nec in substantia, sed supra omnem substantiam fatendum et supersubstantia merito nominandum.

7. Nam hanc divisionem, ut dicatur substantia alia mutabilis, alia immutabilis, substantia ipsa omnino non recipit, cum ei susceptibile esse contrariorum proprium sit et de immutabili id dici nequaquam possit. Sed neque dividitur in inferiora superius, cum mutabilem substantiam ipsa substantia non excedat, sed idem prorsus sit, et eadem generalitate cunctas contineat substantias et sustineat formas.

8. Itaque incommutabilis quae dicitur substantia, substantiae nullatenus supponitur, sed dignitate praeponitur et naturae contrarietate opponitur et efficientia superponitur. Sicut enim illa omnibus subest, sic et ista omnibus superest; illa in omnibus et per omnia mutabilis, ista extra omnia et super omnia incommutabilis; illa in se sola mentis conceptione abstracta intelligitur et in rebus suae naturae existit, ista in se nulla mente comprehensibilis veraciter existit, non habens superius naturam in qua concipiatur et inferius rem naturae in qua statuatur. Quippe quod est unum, et simplex et stabile est; quod omnino in omnibus inveniri non potest.

9. Unde et super omnia est: quod unum, super materiam; quod simplex, super materiatum; quod immobile, super omne creatum. Sicut enim omne creatum per motum de non esse venit ad esse, ita et variabile

4. Según san Agustín, únicamente lo inmutable existe de verdad: «Si una cosa cualquiera (…) es mutable no existe verdaderamente, pues no existe el ser

lo que es inmutable –como resulta claro de lo dicho anteriormente– ni es substancia ni está en la substancia, sino que debemos afirmar que está por encima de toda substancia, razón por la cual debe ser llamado supersubstancia.

7. En realidad, hacer una distinción entre substancia mutable e inmutable es algo absolutamente incompatible con la substancia como tal, puesto que su característica propia es ser susceptible de admitir contrarios, lo cual no es posible decir de lo inmutable[4]. Tampoco es posible dividir lo que es superior en realidades inferiores porque la substancia como tal no supera a la substancia mutable, sino que es exactamente lo mismo y, de manera general, contiene todas las substancias y sostiene todas las formas.

8. Según esto, la substancia que es llamada inmutable de ninguna manera se subordina a la substancia, ya que está por encima en dignidad, se opone a ella por su naturaleza contraria y la supera por su eficiencia. Mientras que una está por debajo de todas las cosas, la otra está por encima de todas las cosas. Una es mutable en todo y por todo, la otra es inmutable fuera de todo y por encima de todo. Una es comprendida en la sola concepción abstracta del pensamiento y existe en las cosas que realizan su esencia; la otra no es comprensible en sí misma por ninguna mente y existe de manera verdadera, no tiene por encima ninguna esencia en la que pueda ser concebida ni por debajo una realidad de naturaleza que le dé una existencia concreta. En efecto, lo que es uno, es también simple y estable, y no se puede encontrar de ninguna manera en la universalidad de los seres.

9. Por esta razón se encuentra por encima de todas las cosas. Así, al ser una, está por encima de la materia; al ser simple, está por encima de todo lo que está compuesto por materia; al ser inmutable, está por encima de todo ser creado. Como todo ser creado viene a través del movimiento del no ser al ser, así tam-

verdadero allí donde también existe el no ser» (Augustinus, *In Iohannis evangelium*, 38, 10, 19-22).

est per esse ac vergere potest ad non esse. «Tu autem», Domine Deus meus, «idem es», qui simplex es, «et anni tui non deficient», qui immutabilis es, et ex his aeternus esse comprehensus es.

10. Eia, fratres, quia volantes fatigati sumus, pedibus nos recipiamus, descendentes ad id quod superest diurni laboris, alternantes hominem ad laborem et avem ad volatum. Utrobique edocti et adiuti ab ipso qui in se utrumque exhibuit, Iesu Christo Domino nostro, qui cum Patre et Spiritu sancto vivit per omnia saecula. Amen.

bién puede variar en el ser e inclinarse al no ser. Pero *tú*, Señor Dios mío, *eres el mismo*, tú que eres simple, *y tus años no tendrán fin* (Sal 101, 28), tú que eres inmutable, y por eso comprendemos que eres eterno.

10. Entonces, hermanos, ya que estamos cansados de volar, tomemos pie y descendamos a lo que queda del trabajo diario, dejando que el hombre se dedique a sus labores y el pájaro a su vuelo (cf. Job 5, 7). En ambas cosas hemos sido instruidos y hemos recibido la ayuda de quien se mostró como modelo de lo uno y de lo otro, Jesucristo nuestro Señor, que con el Padre y el Espíritu Santo vive eternamente. Amén.

IN EODEM FESTO IV
[SERMO 21]

1. Quaerentes, dilectissimi, Dominum nostrum, de quo scriptum est: «Quaerite faciem eius semper» – propter quem quaerendum «dum inveniri potest», omne fere genus humanum et nos ipsos libenter perdidimus – pridie circuivimus vicos et plateas, heri vigiles civitatis paululum pertransivimus. Unde super omnem materiam et formam ac simplicis naturae incorpoream substantiam, ex ipsius oppositione materiae reperimus unum simplex et immobile. Quo si nihil melius non solum est, sed nec esse potest, Deus utique noster est. Quaeramus itaque hodie, non adhuc inter omnia, sed iam super omnia, discutientes quod invenimus utrum optimum sit non solum omnium quae sunt, sed, ut diximus, quae esse possunt.

2. Primum ergo occurrit, nec proficere posse, nec deficere ullo genere, quod immutabile est. Unde ab eo quod est, nec maius, nec minus, nec aliud, nec aliter esse potest. Ideoque quidquid iam est, semper id fore necesse est. Secundo, quia simplex est, quod habet hoc est. Impossibile enim est, quod vere simplex est, sive ad naturam, sive ad formam, sive ad proprietatem aliud habere quam ipsum est. Tertio, cum unum sit, ante se nihil potest habere unde sit. Unum enim ante omnia esse necesse est. Impossibile enim est multa esse, si non sit unum; immo et plura esse, nisi ab uno,

1. Anselmus, *Proslogion* 2-3.

SERMÓN 21

1. Estábamos buscando, queridos hermanos, a nuestro Señor, de quien está escrito: *Buscad siempre su rostro* (1 Cr 16, 11). A causa de su búsqueda, *mientras puede ser encontrado* (Is 55, 6), hemos perdido de buen grado al género humano casi por completo y a nosotros mismos. Hace dos días recorrimos calles y plazas, ayer sobrepasamos un poco a los centinelas de la ciudad (cf. Cant 3, 3-4). A partir de ahí, por encima de toda materia y forma, por encima de la substancia incorpórea de la esencia simple, considerando su oposición a la materia, hemos encontrado al uno, simple e inmutable. Si no solo no hay nada mejor que esto, sino que no lo puede haber, seguramente esto es nuestro Dios. Busquemos hoy no entre todas las cosas, sino por encima de todas las cosas y examinemos si lo que hemos encontrado es lo mejor de todo lo que puede existir, así como, según ya hemos dicho, de todo lo que existe[1].

2. La primera consideración es que lo que es inmutable no puede de ninguna manera aumentar ni disminuir. No puede ser más grande, ni más pequeño, ni otra cosa, ni de otra manera distinta a aquello que es. Por esto necesariamente será siempre lo que es ahora. En segundo lugar, como es simple, es aquello que posee[2]. En efecto, resulta imposible que lo que es verdaderamente simple posea en su naturaleza, en su forma o en sus propiedades algo distinto de lo que él mismo es. En tercer lugar, como es uno, no puede existir nada antes de él de quien reciba el ser. En efecto, lo uno es necesariamente anterior a todas las cosas. Si no existe una unidad, es imposible que exista la multiplicidad. Más aún, la pluralidad es igualmente imposible si no

2. Augustinus, *De civitate Dei* 11, 10, 25-67.

aeque impossibile. Quare unum ante omnia, et ab uno omnia, et omnium principium omnino unum.

3. Unum ergo ante omnia, simplex post omnia, incommutabile est super omnia. Ab unitate pluralitas omnium, a simplicitate diversitas universorum, ab incommutabilitate omnis mutabilitas; ab uno omne multipliciter numerosum, a simplici omne numerose compositum, ab immobili omne quocumque genere motum. Sicut enim omnis motus surgit ab immobili, sic omne compositum a simplici.

4. Et quid, rogo, fratres mei, quorum gestientia corda perspicio, melius esse potest quam quod scrutationibus nostris revelante gratia iam lucide claret: id est, aliquid ante omnia et unde omnia, post quod nihil et supra quod nihil; principium unde omnia ducuntur ad esse, finis continens omnia ne recidant ad non esse; aeternitas movens et regens omnia per esse, universitatis creator, moderator et sustentator; incommutabile principium, pro quo servivit dilectus a Deo Iacob annis septem – hoc enim Rachel interpretatur ac significat –; principium ubi beatus ille theologus piscatus est hoc quod quaerimus, sanctum Dei Verbum; principium qui omnia sua est et aliter aut aliud esse nequaquam potest?

5. An hoc es tu, Domine Deus meus, quem quaesivi inter omnia et inveni super omnia: nec omnium aliquid, nec omnino nihil; nec medium inter omnia et

3. Hieronymus, *Liber interpretationis hebraicorum nominum* 9, 25 (Lagarde): *Rachel …videns principium.*

4. El teólogo por antonomasia es el evangelista Juan. También Juan Escoto, en su homilía al prólogo de Juan, llama con frecuencia a este evangelista «teólogo». El evangelio de Juan se encuentra, a juicio del Eriúgena, en un nivel superior, puesto que al evangelista, simbolizado por el águila, le fue concedido volar muy alto, hasta llegar a contemplar de cerca las realidades divinas. Sin

procede de una unidad. Por eso, lo uno existe antes de todas las cosas, de lo uno proceden todas las cosas y lo uno es absolutamente principio de todas las cosas.

3. Luego lo uno existe antes de todo, lo simple más allá de todo y lo inmutable por encima de todo. De la unidad procede la pluralidad de todas las cosas, de la simplicidad la diversidad de todos los seres, de la inmutabilidad toda mutabilidad, de lo uno todo lo múltiple que se puede numerar, de lo simple todo compuesto en su variedad, de lo inmóvil todo tipo de movimiento. Como todo movimiento proviene de lo inmóvil, así también todo compuesto de lo simple.

4. Yo os pregunto, hermanos míos, cuyos corazones percibo llenos de deseo, ¿qué puede ser mejor que aquello que ya se muestra con claridad a nuestras investigaciones revelado por la gracia? Un ser que existe antes de todo y de quien todo procede, más allá del cual no hay nada y sobre el cual no hay nada, principio a partir del cual todas las cosas son conducidas al ser y final que contiene todas las cosas para que no caigan en el no ser, eternidad que mueve y gobierna todo a través del ser, creador, moderador y sustentador del universo, principio inmutable por el cual Jacob, el amado de Dios, sirvió siete años (esta es, en efecto, la traducción y el significado de «Raquel»[3]) (Gn 29, 20). Es el principio en el que el bienaventurado Teólogo ha pescado lo que buscamos[4], o sea, el santo Verbo de Dios; el principio que es todo lo que posee, que de ningún modo puede ser de otra manera u otra cosa.

5. ¿Eres tú, Señor Dios mío, aquel a quien busqué entre todos los seres y encontré por encima de todos los seres?[5] No uno entre todos los seres, ni la nada absoluta, ni el término medio

embargo, el término *piscari* se refiere al apóstol san Pedro (cf. Ruh, *Geschichte der abendländischen Mystik*, 348).

5. Augustinus, *Confessiones* 10, 6, 9: «Pregunté a la fábrica del mundo acerca de Dios y me respondió: 'No soy, pero él me hizo'. Pregunté a la tierra y me dijo: 'No soy'. Y todo lo que está en ella confesó lo mismo. Pregunté al mar y a los abismos (...) y me respondieron: 'No somos tu Dios, busca por encima de nosotros'».

nihil, ubi Plato materiam posuit, sed unde ipsa materia mira operatione fluxit?

6. Duo ostendisti nobis, Domine, servis tuis, id est et quod sis et quid non sis; et aestuamus ad tertium, id est scire quid sis. Vere cui apponis scientiam, apponis et dolorem. Maiori enim aestuatione concutimur scire quid sis, quia nec quod sis nec quid non sis latere aut fallere potest. O utinam nesciremus quid non es et aliquo delectabili phantasmate illuderemur pro te; aut potius sciremus quid es et veraciter ac suaviter amplecteremur te!

7. Sed ostende nobis, Domine, ipsum te, qui, ut scis, nihil hodie desideramus nisi te, nec amamus nisi te propter te; qui mente totum et corpore fere totum mundum fugimus, ut expediti quaereremus te. Sed quoniam nondum satiare sitim meam potis sum videndo te, indignationem saltem spiritus mei evomam in insipientem qui blasphemavit in te.

8. Dixisti enim, o insipiens, in corde tuo, extra cor tuum ipse: «Non est Deus», quod tamen nec dicere omnino potuisses, si is quem negas non esset, sine quo nihil esse posset. Si ergo es ipse qui dixisti, procul dubio et is de quo dixisti. Quidquid enim est, aut principium est, aut de principio esse necesse est. Quare si de principio es, necessario est principium unde es; aut si principium ipse es, tunc quod esse negas, es.

9. Item quidquid est, aut simplex est, aut compositum, id est de simplici, esse necesse est. Quare aut non

6. Cf. Plato, *Timaeus* 49a y ss. En el pensamiento platónico tal y como lo recibió el Medioevo, tres era los principios que dieron origen al mundo: Dios, las ideas y la materia. Los teólogos del siglo XII consideraban a Dios como único principio creador y rechazaban que la materia fuera eterna y coexistente con Dios: «En esto discrepan nuestros autores de los filósofos, en que los filó-

entre todo y nada, donde puso Platón la materia[6], sino la fuente de la cual la propia materia fluyó como consecuencia de una operación admirable.

6. A nosotros tus siervos, Señor, nos has enseñado dos verdades: que existes y lo que no eres. Y nosotros deseamos fervientemente llegar a una tercera verdad: saber qué eres. Sin embargo, a quien confieres ciencia, también confieres dolor (cf. Ecl 1, 18). A pesar de ello, ansiamos saber qué eres, puesto que tu existencia y lo que no eres no se nos oculta. En esto estamos libres de todo engaño. ¡Ojalá pudiéramos ignorar qué no eres y nos engañáramos con una agradable fantasía que ocupara tu lugar! Mejor aún, ¡ojalá conociéramos qué eres y te pudiéramos abrazar en la verdad y en la suavidad!

7. Señor, muéstrate a nosotros. Como tú sabes, hoy no deseamos otra cosa más que a ti, no amamos nada más que a ti y por ti. Hemos huido con el espíritu del mundo entero y con el cuerpo casi del mundo entero para que nada nos impida buscarte. Pero como todavía no soy capaz de saciar mi sed viéndote, al menos expresaré la indignación de mi espíritu contra el insensato que blasfemó contra ti.

8. Tú, necio, has dicho en tu corazón estando fuera de tu corazón: *Dios no existe* (Sal 13, 1). En absoluto habrías podido decir esto si este a quien niegas no existiera, sin el cual nada podría existir. Si tú, que has dicho esto, existes, sin duda también existe aquel de quien lo has dicho. En efecto, todo ser que existe es necesariamente principio o procede de un principio[7]. Si procedes de un principio, necesariamente existe un principio del que procedes. Si tú mismo eres principio, eres aquello cuya existencia niegas.

9. De la misma manera, todo ser es simple o compuesto, y este necesariamente procede del simple. Por eso, o no existes o

sofos consideran a Dios solo como artesano y establecen tres principios: Dios, la materia y las ideas arquetípicas, mientras que nuestros autores establecen un único principio, y este es solamente Dios» (Hugo a Sancto Victore, *Annotationes in Pentateuchon* 4, en PL 175, 33B.

7. Cf. Anselmus, *Monologion* 6-8.

es, aut horum alterum es. Similiter quidquid est, aut immobile est, aut de immobili est ei utcumque moveri; omnis enim motus surgit ab immobili. Quare si aliquid est, aut unum et simplex et immobile est aut ex his esse necesse est. Quod si omnino nihil omnium est, ipse tamen Deus est a quo fore potest quidquid esse possibile est. Ei enim adsunt non solum quae sunt, sed quaecumque esse possunt; qui vocat ea quae non sunt, tamquam ea quae sunt.

10. Praeterea, o excors et insipiens qui negando affirmas hoc ipsum quod negas, si verum est quod affirmasti, vere mentitus es in caput tuum. Nam si hoc est verum, aliquid est verum; et si numquam Deus fuit, hoc semper verum fuit. Quod si hoc semper fuit verum, ab aeterno aliquid fuit verum. Unde et ab aeterno veritas fuit, quia hoc verum fuit. Quare ante omnia saltem hoc unum fuit, cum nihil adhuc esse verum fuit. Quod si compositum fuit, utique et mutabile; et si mutabile, temporale. Quare et ab aeterno tempus fuit: quo quid insipientius dici potest?

11. Attamen ad propositionem insipientis sequi necesse est, si unum illud, quod ab aeterno esse negari non potest, compositum, utique et mutabile est; sin autem, simplex et immutabile. Hoc ipsum quod superius invenisse nos exsultabamus, fratres, ipse dum negat affirmat; dum destruit, astruit.

12. Credite mihi, fratres, immo certis et necessariis connexionibus credite, nemo potest negare Deum esse, quin inde sit consequens ipsum esse. Neque hoc ex propositionum vi vel sermonum inferentia, sed ipsius natura. Nam si aliquid est, consequenter et ipse

eres uno u otro. Igualmente, o lo que existe es inmóvil o recibe su movimiento, sea cual fuere, del inmóvil, pues todo movimiento surge del inmóvil. Por eso, si algo existe, o es uno, simple e inmóvil, o procede necesariamente de estas propiedades. Pero si absolutamente ninguno de todos los seres existe, entonces solo queda que exista Dios, de quien puede existir todo lo que es posible que exista. En efecto, ante él están no solo las cosas que son, sino las que pueden ser. Él llama a todo lo que no es como a todo lo que es (cf. Rom 4, 17).

10. Además, oh insensato y necio, que afirmas negando lo mismo que niegas, si es verdad lo que has afirmado, en verdad has mentido contra tu propia cabeza (cf. Dn 13, 55). En efecto, si tu afirmación es verdadera, entonces algo es verdadero: si Dios nunca ha existido, esto siempre ha sido verdadero; y si esto siempre ha sido verdadero, ha sido verdadero eternamente[8]. Por eso ha existido una verdad eternamente, porque esto ha sido verdadero. De esta manera, antes de todas las cosas ha existido por lo menos una realidad, cuando era verdadero que nada existía. Pero si esta realidad era compuesta, seguramente también mutable; si era mutable, seguramente también temporal. Luego desde toda la eternidad ha existido el tiempo: ¿qué se puede decir más insensato?

11. No obstante, podemos extraer una consecuencia de la afirmación del insensato: si aquella realidad única, cuya existencia eterna no puede ser negada, es compuesta, seguramente también es mutable; si no es así, es simple e inmutable. Esto mismo es lo que antes hemos descubierto con gran gozo, hermanos: el insensato, negando afirma y, destruyendo, construye.

12. Creedme, hermanos, o mejor aún, creed en estos argumentos ciertos y necesarios. Nadie puede negar que Dios existe sin que consecuentemente afirme su existencia. Y esto no es así debido a la lógica de las proposiciones o de los predicados, sino por su propia naturaleza. En efecto, si cualquier cosa existe,

8. Augustinus, *Confessiones* 7, 10, 16; Anselmus, *Monologion* 18; *De veritate* 1 y 10.

est. Et si nihil est, sicut fuit antequam fieret id quod aliquid est, ipse tamen est, a quo fieri potest omne quod nondum est. Nihil enim a seipso fieri potest, cum seipso prius et posterius nihil esse possit.

13. Nihil itaque mihi constat verius esse quam quod insipiens dixit non esse, sine quo nihil potest esse et a quo omnia habent esse, solum, unum, simplex et immutabile, fons numeri, mensurae et ponderis in quibus subsistunt omnia quae sunt, suo modo: singula, propter numerum ab uno; specie aliqua contenta, propter mensuram a simplici; ordinata, propter pondus ab immobili. Singula enim quae sunt, ideo sunt, quia unum numero sunt, et in sui compositione mensuram habent ne speciem sui generis excedant, et ad aliquam similitudinem sui ponderis motu feruntur ut pacem habeant.

14. Eia, fratres, quia pertransivimus, invenimus, et facti sumus Idithun, id est transiliens eos, usque ad eum, id est plures usque ad unum. Hic est igitur, quem quaerebamus; teneamus eum nec dimittamus, et interrogemus eum de seipso instanter et importune. Vim pati se patitur; vinci vult, et nisi victus minime benedicit; et cum omnino se velit teneri, quaerit dimitti: «Dimitte me», inquit, «aurora est».

15. Teneamus ergo, fratres, sensu, teneamus affectu, teneamus conscientia, teneamus vita, teneamus ipsum propter ipsum, delectantes in ipso et conformantes nos ipsi, ut a multis collecti ad unum, uniamur uni, et in simplo simplificati, immobiles stemus quantum possumus cum immobili, «in idipsum» dormientes quiescentes que «in pace», quam nesciunt, qui «a fructu frumenti, vini et olei» non Dei sed «sui

consecuentemente también él existe. Y si no existe nada, como sucedía antes de que surgiera lo que existe, también existe aquel por quien puede ser creado lo que todavía no existe. En efecto, ningún ser puede crearse a sí mismo, puesto que ningún ser puede ser anterior y posterior a sí mismo.

13. Nada me parece más verdadero que el ser cuya existencia negó el necio, sin el cual nada puede existir y del cual todas las realidades tienen su ser, el solo, único, simple e inmutable, fuente del número, de la medida y del peso (cf. Sab 11, 21), por los cuales subsisten todos los seres a su manera: cada ser es uno solo en razón del número que recibe del uno, está contenido en una especie en razón de la medida que recibe del simple, está ordenado hacia un fin en razón del peso que recibe del inmóvil. En efecto, los seres singulares son tales porque son unidad en cuanto al número, porque en su composición tienen una medida que les impide exceder los límites de sus características específicas, porque sus movimientos tienen lugar en relación a su peso para alcanzar el reposo.

14. Así pues, hermanos, hemos ido más allá de todas las criaturas y lo hemos encontrado. Nos hemos convertido en Idithun (cf. Sal 38, 1), o sea, «el que sobrepasa» hasta llegar a él, es decir, yendo más allá de los muchos hasta llegar al uno. Este es, pues, a quien buscábamos. Retengámoslo y no lo soltemos (cf. Cant 3, 4). Preguntémosle con insistencia e insolencia acerca de él mismo. Él soporta la violencia (cf. Mt 11, 12). Quiere ser vencido y solo cuando es vencido da su bendición. Porque quiere absolutamente ser retenido, pide que se le deje ir. *Déjame ir*, dice, *que ya ha rayado el alba* (Gn 32, 26).

15. Retengámoslo, pues, hermanos, en el pensamiento, retengámoslo en el amor, retengámoslo en la conciencia, retengámoslo en el modo de vida, retengámoslo por él mismo, deleitándonos en él y conformándonos a él, para que nuestra multiplicidad se convierta en unidad y así podamos unirnos al uno, y para que, simplificados en quien es simple, permanezcamos inmóviles, en la medida de lo posible, con el inmóvil. Reposemos en él y descansemos en la paz que desconocen los que se han hecho ricos por el fruto de

multiplicati», id est multis distracti, intenti, distenti, turbati, «sunt».

16. Sicut enim qui per foramen arctum subtilis acus grossum et multifidum in capite filum impingere cupit, quantum valet summis digitis illud unit, torquet et simplificat, sic qui in hoc quod agimus sapientiae studium animum figit, nisi ab omni sollicitudine et curiositate et ambitione et voluptate carnali cor revocet, et disciplina torqueat, summa studiorum vigilantia acuat, semetipsum decipit et frustra laborat.

17. Nam, sicut ait Dei Verbum: «Facilius est camelum introire per foramen acus quam divitem ingredi in regnum Dei». Quid enim est illud regnum, nisi inspicere Deum et delectari in ipso? Hoc quomodo possunt qui alias ab eo habent cogitationes, delectationes et consolationes? «Vae vobis», inquit, «divites, qui habetis hic consolationem vestram». Pauperum vero spiritu, id est voluntate, dicitur esse regnum caelorum.

18. Verumtamen, fratres mei, sicut aegrotis paratur esca desiderata et diu quaesita et quam ipsi norunt bonam esse optime que praeparatam, cum gustare debent, desunt eis vires et appetitus obtunditur, sapor languet, eo quod palatum ipsum insipidum est: ita et nobis propter peccatum adhuc infirmis, minus sapit otium olim optatum et quies quaesita diu, solitudo loci, desolatio mundi, meditatio, oratio, lectio, ipsum Dei verbum. Quod, cum sanati fuerimus, solum sapidum sentiemus, labor omnis tolletur, nullum erit fastidium, sed refectio plena, facilis et laeta.

19. Non ergo refugiamus, non abominemur animae nostrae vitalem escam; ipsa consuetudo sancta

su trigo, de su vino y de su aceite; no por el fruto de su Dios, sino por el suyo propio (cf. Sal 4, 8-9), es decir, quienes están dispersos en muchas distracciones, ansiosos, ocupados y agitados.

16. Igual que quien quiere hacer pasar un hilo grueso con flecos en su extremo por el estrecho ojo de una sutil aguja lo une como puede con la punta de sus dedos, lo endereza y lo convierte en algo simple, así también quien dedica sus afanes, de los que tratamos aquí, a la sabiduría, si no aleja su corazón de toda preocupación, de toda curiosidad, de toda ambición y de todo deleite carnal, si no lo endereza a través de la enseñanza, si no lo afila vigilando atentamente sus deseos, él mismo se engaña y se esfuerza en vano.

17. Porque, como dice el Verbo de Dios: *Es más fácil que un camello entre por el ojo de una aguja que un rico entre en el reino de Dios* (Mt 19, 24). ¿Qué es ese reino sino contemplar a Dios y deleitarse en él? ¿Cómo pueden lograr esto los que tienen otros pensamientos, otros deleites, otros consuelos? *¡Ay de vosotros, los ricos!, porque tenéis aquí vuestro consuelo* (Lc 6, 24). Al contrario, se dice que el reino de los cielos pertenece a los pobres de espíritu, o sea, de voluntad (cf. Mt 5, 3).

18. Esto es comparable, hermanos míos, a los enfermos, a quienes se prepara la comida que desean y anhelan durante mucho tiempo. Ellos mismos saben que es buena y que ha sido preparada de manera excelente. Pues bien, cuando la pueden comer les faltan las fuerzas y su apetito se debilita. La comida no les sabe a nada, pues su paladar ha perdido la sensibilidad. Lo mismo nos pasa a nosotros. Como todavía estamos enfermos a causa del pecado, no somos capaces de disfrutar del descanso en otro tiempo deseado, del reposo tanto tiempo anhelado, de la soledad, del abandono del mundo, de la meditación, de la oración, de la lectura espiritual y de la propia palabra de Dios. Pero, una vez que nos curemos, todo tendrá sabor para nosotros, toda fatiga desaparecerá, nada nos disgustará, comeremos en abundancia, fácilmente y con alegría.

19. No rechacemos, no abominemos del alimento vital de nuestra alma (cf. Sal 106, 18). La costumbre santa lo hará pro-

conducibilem eam faciet et saporam suavem que, ut sola delectet si sola capitur, adiuvante per omnia gratia et caritate Dei infirmitatem nostram, per Iesum Christum Dominum nostrum, qui cum Patre et Spiritu sancto vivit et regnat. Amen.

vechoso, sabroso y suave. Este alimento bastará por sí solo para que nos deleitemos si es lo único que tomamos. Que la gracia y la caridad de Dios ayude en todo a nuestra debilidad a través de Jesucristo nuestro Señor, que con el Padre y el Espíritu Santo vive y reina. Amén.

IN EODEM FESTO V
[SERMO 22]

1. Quoniam, fratres mei, librorum languentes inopia, de nobis pro lectione vocem vivam exigitis, dicere aliquid necessitas incumbit. Saepius ergo conati inquirere quid sit quod quaerimus, saepe relabimur; investigatores enim maiestatis, reprimimur a gloria. Altiora nobis quaerimus, sed si pie, bene.

2. Habemus itaque ex superioribus omnia nihil esse; solum Deum non nihil esse, nec tamen aliquid esse, nec intra aliquid et nihil medium esse, sed super omnia, non abstractione intelligi, sed vere et proprie esse; et ab eo omnia esse, et nisi ab ipso aliquid esse non posse; ipsum autem et si nulla sint, semper tamen esse, a quo possunt omnia venire ad esse. Restat igitur solum inquirere quid ipse sit, qui iam se unum, simplicem immobilem que dignanter ostendit.

3. Omne quod simplex vere est, quod habet, hoc ipsum esse necesse est. Quaerendum ergo est quid habeat, si forte per hoc quid sit innotescat. Et ne per multa vagemur, quaero si rationem et affectionem habet: quae si non habet, non videtur optimum, nec, si habet, summum. Ratio enim et affectio in subiecto aliquo sunt et sine subiecto esse non possunt. Quare si eas habens, id ipsum est, sine subiecto esse nequaquam potest, et iam ipsa substantia inferius est.

SERMÓN 22

1. Hermanos, como tenemos pocos libros, en lugar de la lectura me pedís una palabra viva[1]. Por eso me veo obligado a decir algo. Con frecuencia, hemos intentado investigar qué es lo que buscamos, pero a menudo hemos fracasado. Cuando intentamos saber algo acerca de la majestad, somos reprimidos por la gloria (cf. Prov 25, 27). Buscamos realidades que nos superan (cf. Ecl 3, 22), aunque si lo hacemos de manera piadosa acertamos.

2. Nuestras reflexiones anteriores nos han mostrado que todas las cosas son la nada, que Dios es el único que es, y que no es la nada. En consecuencia, no es una cosa ni es algo intermedio entre algo y nada, sino que está por encima de todas las cosas. No es algo que pueda ser comprendido a través de la abstracción, sino que existe verdadera y propiamente. Todo recibe su existencia de él y nada puede existir si no recibe su existencia de él. Aunque nada exista, él existe siempre. De él todos los seres pueden llegar a la existencia. Tan solo queda preguntarse qué es él, pues en su bondad ya se ha revelado como uno, simple e inmóvil.

3. Todo lo que es verdaderamente simple es necesariamente aquello que posee. Luego hemos de investigar qué es lo que posee para ver si quizá de este modo comprendemos qué es. Y para no divagar mucho, pregunto si posee entendimiento y afecto, ya que si no posee esto, no parece que sea el mejor ser; pero si posee esto, no parece que sea el ser supremo. En efecto, tanto la razón como el afecto están en un sujeto y no pueden existir sin un sujeto. Por eso, si las posee y se identifica con ellas, no puede de ninguna manera existir sin sujeto y, por tanto, es inferior a la substancia como tal.

1. Este sermón es comentado por A. Fidora, *Vom Einem zum Vielen*, p. XXII; 112-120.

4. Quid dicemus, fratres? Omnino aut habet aut non habet, et omne quod habet est. Alioquin de diversis est, et nec unum nec simplex nec immobile est. Quod si ratio et affectio virtus ve aut sapientia est – quae quidem est si eas habet –, ubi est quod supra tanto labore confecimus, videlicet ipsum nihil esse eorum quae sunt, sed super omnia et ab ipso omnia? Quod si verum est, ab ipso sunt haec ut alia. Si ergo haec habet, quomodo summum? Si non habet, quomodo optimum?

5. Vae nobis! «Defecimus scrutantes scrutinio». Putabam me totum tenere et totum perdidi. Utinam litteras nescissem! Vere tenebrae sunt in lumine et multo magis in multo lumine. «Dominus quidem lux est, et in eo tenebrae nullae sunt»; sed ab eius inaccessibili luce tenebrae in nobis fiunt. Duo etenim sunt quae tenebras gignunt, inopia videlicet et superabundantia lucis. «Averte», inquit, ipse fons lucis, «oculos tuos a me, quoniam ipsi me avolare fecerunt. O Domine, quoniam» hucusque illuminasti «lucernam meam, illumina», obsecro, «et has tenebras meas».

6. Si dixerimus, fratres, quod saepe legimus et indubitanter credimus, id est quod Deus sua sit sapientia, sua ratio, sua virtus, sua iustitia, facile quidem dictu est, sed intellectu difficile. Quid est Deus, si iustitia est? Aut quid est iustitia, si Deus est? Aut ipse erit infra substantiam, aut ipsa supra qualitatem. Illud indignum, istud impossibile.

2. Pseudo-Dionysius Areopagita, *Epistula* 1, p. 156, 1: Τὸ σκότος ἀφανὲς γίνεται τῷ φωτί, καὶ μᾶλλον τῷ πολλῷ φωτί, es decir: «La tiniebla se vuelve invisible bajo el efecto de la luz y más aún bajo el efecto de la mucha luz», que Juan Escoto Eriúgena traduce de la siguiente manera: *Tenebrae quidem obscurae fiunt lumine, et magis multo lumine*, en PL 122, 1177A. Para el Areopagita, la tiniebla no es la ausencia de luz, sino la «superluz», y es justo la luz física la que impide ver la tiniebla. Lo mismo sucede con el no-saber, que no se debe entender de manera privativa, sino trascendente. Esta «superluz» o este «supersaber» se ocultan a quien

4. ¿Qué diremos, hermanos? O posee o no posee y es todo lo que posee. De otra manera proviene de elementos diversos, y ni es uno, ni simple, ni inmóvil. Pero si es razón y afecto o virtud o sabiduría –y lo es si posee esto–, ¿dónde queda aquello que hemos establecido con tanto esfuerzo, es decir, que él no es nada de lo que existe, sino que está por encima de todo y todo proviene de él? Si esto es verdad, también estas propiedades proceden de él como las otras. Si las posee, ¿cómo puede ser él la realidad suprema? Si no las posee, ¿cómo puede ser él la mejor realidad?

5. ¡Pobres de nosotros! Hemos fracasado en nuestra investigación (cf. Sal 63, 7). Creía tener todo y he perdido todo. ¡Ojalá nunca hubiera estudiado! En verdad hay tinieblas en la luz y mucho más en la mucha luz[2]. Indudablemente, *el Señor es luz y en él no hay tiniebla alguna* (1 Jn 1, 5), pero su luz inaccesible crea tinieblas en nosotros. Dos son las causas que dan lugar a las tinieblas: la falta de luz y la sobreabundancia de luz. Oh, fuente de la luz, *retira tus ojos de mí, porque me han hecho volar lejos* (Cant 6, 4). *Oh, Señor*, como hasta ahora has iluminado mi lámpara, *ilumina*, te lo suplico, *también estas mis tinieblas* (Sal 17, 29).

6. Si dijéramos, hermanos, cosa que leemos a menudo y creemos sin dudar, a saber, que Dios es su sabiduría, su razón, su virtud, su justicia, esto sería fácil de decir, pero difícil de comprender. ¿Qué es Dios si es justicia? O ¿qué es la justicia si esta es Dios? O él está por debajo de la substancia o ella está por encima de la cualidad. Lo primero es inconveniente, lo segundo imposible.

posee la luz o el saber físicos, que impiden llegar al no-saber, que es la manera de conocer a quien está por encima de todo, en su no-ser. Acerca de la tiniebla mística, léase también el primer capítulo de la *Theologia mystica* y la *Epistula* 5 del Areopagita. Isaac modifica el sentido de la frase original y viene a decir: hay tinieblas en la luz porque la sobreabundancia de la luz en Dios genera tinieblas en nosotros. Cf. sermón 4, 5: «Hay tinieblas en la luz y mucho más en la mucha luz: cuando ella entra en su incomprensibilidad, en su inaccesibilidad, en la que habita, priva a nuestros ojos de la luz, de tal manera que aprendéis algo más por revelación que por contemplación, como los santos apóstoles aprendieron de ‘los hombres que estaban junto a ellos vestidos con vestiduras blancas’ (Hch 1, 20)».

7. Fortassis autem, sicut ipse unitas est, non numerus neque quantitas, sed fons numeri et origo; et sicut simplicitas, non qualitas neque species, sed principium et origo speciei sive mensurae; immobilitas quoque, non motus neque pondus quod motu fertur, sed principium motus et ponderis: sic nimirum non sapientia neque species qualitatis aut genus est disciplinae, sed fons et origo sapientiae, sic et iustitiae et virtutis et huiusmodi; ut non sapientia nec aliquid talium dici debeat, sicut nec numerus nec mensura nec pondus, sed principium et fons et efficiens causa creaturarum omnium super omnia.

8. Dicitur tamen numerus sine numero, mensura sine mensura, pondus sine pondere; ut et dici possit sapientia sine qualitate, iustitia et virtus sine affectu vel habitu animi. Quod tamen melius dici credimus, si supersapientia, superiustitia, et sic de caeteris dicatur, sicut et supersubstantia: non tamen ut dicatur quid sit, sed ne omnino taceatur; aut si, cum omnium nihil sit, omnium remotione ponatur, de quo negationes magis verae sunt. Proprius enim de illo omnia negamus, quam omnium aliquid affirmamus.

9. Unde quantum ad divinae theologiae suae proprietatem, sicut nec substantiam, sic nec sapientiam habet aut est; quantum vero ad inopiam et ad angustias rationabilis theologiae nostrae, dicitur hoc et illud; quantum autem ad symbolicam et quodammodo sensualem theologiam, dicitur etiam caelum et terra, sol, ignis, leo, bos, avis, lignum, lapis, aurum, et eo li-

3. Iohannes Scotus, *Periphyseon* 1, 3252-3254, p. 104: «Dios no recibe en sí el número porque él por sí solo es innumerable y es número sin número y causa de todos los números por encima de todo número». Véase también Macrobius, *Commentarii in somnium Scipionis* 1, 6, 7-8: «Lo uno, que se dice μονάς (*mo-*

7. De la misma manera que él mismo es unidad, quizá puede ser no número ni cantidad, sino fuente y origen del número[3]; de la misma manera que es simplicidad, quizá puede ser no cualidad ni especie, sino principio y origen de la especie o de la medida; de la misma manera que es inmovilidad, quizá puede ser no movimiento ni peso que está en movimiento, sino principio del movimiento y del peso. Según esto, Dios seguramente no es sabiduría ni cualidad específica ni ciencia en concreto, sino fuente y origen de la sabiduría y, de la misma manera, de la justicia, de la virtud y así sucesivamente. Por lo tanto, no debe ser llamado sabiduría ni nada parecido, como tampoco número, medida o peso, sino principio, fuente y causa eficiente de todas las criaturas, que está por encima de todas las cosas.

8. A pesar de ello, se le puede llamar número sin número, medida sin medida, peso sin peso, de modo que también puede ser llamado sabiduría sin cualidad, justicia y virtud sin afecto o hábito del alma. Con todo, según creemos, es mejor llamarlo supersabiduría, superjusticia y así sucesivamente, como cuando se habla de supersubstancia[4]; y no para decir qué es, sino para no callarse del todo; o bien, dado que él no es nada de todo lo que es, para ponerlo aparte del resto de las cosas. Acerca de él las negaciones son más verdaderas, pues de él es más propio negar todo que afirmar algo[5].

9. Por esta razón, hablando con rigor según la teología divina, no posee ni substancia ni sabiduría, y no es ninguna de estas cosas. Sin embargo, debido a la pobreza y a las dificultades de nuestra teología racional, se dice que es una cosa y la otra. En la teología simbólica y, por decirlo así, sensible, se le llama también cielo y tierra, sol, fuego, león, buey, ave, madera, piedra, oro. Estos términos se emplean con mayor libertad en base a

nas), es decir, unidad (…) no es número, sino fuente y origen de los números. Esta mónada es inicio y fin de todas las cosas y no conoce ni principio ni fin». Cf. también Iohannes Scotus Eriugena, *Periphyseon* 3, 1394-1397, p. 49.

4. Pseudo-Dionysius Areopagita, *De divinis nominibus* 2, 3-4.

5. Id., *De coelesti hierarchia* 2 ,3; *De mystica theologia* 1, 2.

berius omnia per similitudinem aut naturae aut officii aut usus, quo nihil omnium per proprietatem.

10. Quare sicut metaphorice dicitur caelum et talia, ita dicitur substantia, sapientia et similia eo tropo cui contrarius est is qui dicitur hyperbole. Ille enim supergreditur veritatem et excedit fidem, iste non pertingit ad veritatem nec accedit ad proprietatem. Dicimus enim quod possumus, qui de ineffabili fari volumus, de quo nihil proprie dici potest: tacere, aut mutuatis uti verbis, necesse est.

11. Videtis, fratres, quantas patimur angustias, quanta languemus verborum inopia, cupientes de indicibili aliquid proprie dicere, docere de incomprehensibili. Totum equidem hoc dixerim, ut non solum credatis aliis, sed ut intelligatis ipsi haud posse intelligi quid sit Deus aut comprehendi. Sed neque hoc, dilectissimi, nostra infirmitate aut hebetudine vel obtusitate, sed sua ipsius virtute et subtilitate.

12. Unde sancta illa et sublimia et pennata seraphim alis, quae volatum significant contemplationis, visa sunt velare faciem eius et pedes, quatenus non velet eis principium et finem sua ignorantia, sed Dei incomprehensibilis supersapientia. Sicut enim nihil videndo tenebras invisibiles videmus, et inaudibile silentium nihil audiendo audimus, sic nimirum superabundantem et intolerabilem lucem non videndo nec tolerando videmus invisibilem, non quidem caeci, sed a lumine superati.

6. Isaac hace una distinción entre tres teologías o formas de hablar de Dios: teología divina, teología racional y teología simbólica. La teología divina es de naturaleza negativa, pues según ella de Dios solo se puede decir propiamente lo que no es. La teología racional está al nivel del ser humano y es positiva, es

una semejanza fundada en la esencia, en la función o en el uso que en su sentido propio[6].

10. Dios es llamado cielo y otras cosas metafóricamente. Asimismo, si es llamado substancia, sabiduría y otras cosas similares, lo es según una figura que se opone a la metáfora la cual es llamada hipérbole. Una figura sobrepasa la verdad y excede lo creíble, mientras que la otra no alcanza la verdad ni se acerca a la realidad. Nosotros decimos lo que podemos cuando queremos expresar lo inefable, de quien no se puede decir nada con propiedad, sino que es necesario callar o emplear palabras prestadas.

11. Veis, hermanos, cuántas dificultades afrontamos, de cuántas palabras carecemos cuando deseamos decir algo con propiedad acerca del indecible o enseñar algo acerca del incomprensible. Yo querría decir todo esto no solo para que no creáis a otras personas, sino para que entendáis que no se puede comprender ni abarcar qué es Dios. Pero esto no es debido, queridos hermanos, a nuestra debilidad, estupidez o cortedad, sino a su propia perfección y sutilidad.

12. Por esta razón se ha visto a los serafines santos, sublimes y alados velar sus rostros y sus pies con sus alas, que simbolizan el vuelo de la contemplación (cf. Is 6, 2), no porque el principio y el fin les sea velado a causa de su propia ignorancia, sino por la supersabiduría del Dios incomprensible. De la misma manera que sin ver nada vemos las tinieblas invisibles y sin oír nada oímos el silencio inaudible, así también sin ver ni soportar la luz superabundante e insoportable vemos la luz invisible; y no como si fuéramos ciegos, sino subyugados por la luz.

decir, atribuye propiedades a Dios según el lenguaje humano, por ejemplo, sabiduría, bondad, etc. La teología simbólica está también al alcance del ser humano y por ella se establecen relaciones entre Dios y algún elemento de la creación en base a una cierta relación de semejanza. Acerca de la teología simbólica, léase el Pseudo-Dionisio, por ejemplo, *Epistula* 9 y *De divinis nominibus* 1, 8.

13. Vere, Domine, «exercitatus sum» ad quaerendum te «et defecit», non a te, sed in te «spiritus meus; concupiscit et deficit anima mea in atria tua»: deficit spiritus, intuendo quem concupiscit; deficit et liquefit anima, delectando in eo quem conspicit. Attamen ex delectatione animatus semper et recens avidus que ad intuendum, et ex intuitu adiutus ad delectandum, quasi duabus mediis alis in te feror, «in quem desiderant angeli prospicere».

14. Unde, «cum sim cinis et pulvis», quoniam semel coepi, adhuc «interrogabo» te de te «unum sermonem», id est: cum sis fons et origo praedictorum, quomodo hoc es? Hoc ideo, fratres mei quaerendum putamus, quoniam haec dissimiliter accipi posse, haud ignoramus.

15. Est enim principium et origo fluminis fons, sed eiusdem naturae et eadem aqua quae fluit agnoscitur cum illa unde fluit. Similiter et principium arboris radix, et omnis speciei principium suum genus. Est etiam principium germinis semen, seminis seminarium, seminarii elementa, elementorum ipsa, quae dicitur silva seu hyle, primordialis materia. Ac in his omnibus, et quae huiusmodi sunt, naturale principium speculantes, ubi quasi de capite corpus vel similia de similibus aut de naturalibus causis causata, quasi natura producit, superattendimus omnem opificem sui operis esse principium.

16. Verumtamen alius praevenit et excellit ipsam naturam, alius vero solum imitatur eam. Et is quidem semper aliquid de aliquo ordiens, naturae imaginem in

7. Calcidio fue con gran probabilidad el primero que empleó el término latino *silva* como equivalente del griego ὕλη en el sentido de «materia primordial» (cf. su *Commentarius in Platonis Timaeum* 268; también Van Winden, *Calcidius on Matter*, 31).

13. En verdad, Señor, me he ejercitado para buscarte y mi espíritu ha desfallecido (cf. Sal 76, 4) no por ti, sino en ti. Mi alma te desea y desfallece en tus atrios (cf. Sal 83, 3). Mi espíritu desfallece viendo a quien desea, mi alma desfallece y se licúa deleitándose en aquel a quien desea. Sin embargo, animado por la delectación, siempre y aún ahora deseoso de verte y experimentando en la contemplación un nuevo deleite, me elevo como transportado por las dos alas medianas hasta ti (cf. Is 6, 2), *a quien los ángeles ansían contemplar* (1 Pe 1, 12).

14. *Aunque soy ceniza y polvo* (Gn 18, 27), al haber ya comenzado, haré una sola pregunta acerca de ti: siendo fuente y origen de lo que hemos dicho, ¿cómo eres esto? Consideramos, hermanos míos, que esta es una pregunta que nos debemos hacer, porque sabemos que esta pregunta puede ser entendida de diversas maneras.

15. La fuente es el principio y el origen del río, pero es sabido que el agua que fluye y la que brota de la fuente son de la misma naturaleza. Igualmente, la raíz es el principio del árbol. El género es el principio de todas las especies. También la semilla es el principio del retoño, la fuerza germinativa el principio de la semilla, los elementos el principio de la fuerza germinativa y la materia primordial, que es llamada *silva* o *hyle*, el principio de los elementos[7]. Cuando en todos estos casos y otros parecidos consideramos el principio natural, cuando la naturaleza produce, por decirlo así, un cuerpo a partir de una cabeza, lo semejante a partir de lo semejante o los efectos a partir de las causas naturales, llegamos a comprender que todo creador es principio de su obra.

16. Un creador existe antes de la naturaleza y está por encima de ella, mientras que otro solo la imita. El segundo, cuando hace una cosa a partir de otra, no supera en ninguna de sus obras el modelo de la naturaleza[8]. Por ejemplo, no es capaz de fabricar o de realizar con oro más que un objeto de oro, con piedra

8. En palabras de Platón, el artífice producirá algo bello si fija su mirada en el ser inmutable. Si esto no es así, creará algo que no es bello (*Timaeus* 28ab; *Timaeus a Calcidio translatus*, p. 20-21).

aliquo opere non excedit: verbi gratia, de auro nonnisi aureum, de lapide lapideum, de ligno ligneum operari aut facere potis est, quia imitator tantum naturae est. In cuiuscumque autem opere, cum tria semper inveniantur necessario: materia et forma et causa, id est unde et qualiter et quare fiat, annumerato ipso a quo fit, id est opifice, quatuor occurrunt necessario diversa principia: materiale, formale, finale et efficiens.

17. Qui vero aliquid sumere de nihilo, aut sumptum in nihilum vertere, aut in diversam speciem aliquid demutare, sine additamento augere, sine demptione minuere potens est, manifeste ante naturam et supra naturam opifex, etiam auctor naturae est, et ab omni quod operatur, necessario dissimilis naturae est. Cum igitur tot modis quot in praesentiarum occurrit, dici principium aut fons sive origo possit, is qui caeteris dignior et sublimior excellentior que modus est, summo et omnium excellentissimo Deo convenire quis ambigat?

18. Est itaque unitas non numerus, sed principium numeri, nec finale, nec formale, nec materiale, nec naturale secundum seminales rerum causas aut similium proportionem aut corporis unitatem, sed omnino efficiens, a quo sit et sine quo omnino esse non possit, alterius naturae, dissimilis essentiae; una, cum sit omnis numerus plura; simplex, cum sit ille compositus; incommutabilis, cum sit ille partibilis; vere in se existens, dans tamen aliis dissimilem existentiam.

19. Non enim binarius, cum numerus sit et ab unitate habeat esse quod est, idem quod unitas ipsa existit; nec tamen in binario nisi unitas veraciter existit.

9. Estas mismas causas aparecen en Thierry de Chartres, *De sex dierum operibus* 2: «Las causas de la substancia terrestre (*mundana*) son cuatro: eficiente, que es Dios; formal, que es la sabiduría de Dios; final, que es su bondad, y material, que son los cuatro elementos».

un objeto de piedra, con madera un objeto de madera, porque solamente imita a la naturaleza. En cualquier obra, siempre se encuentran necesariamente tres cosas: la materia, la forma y la causa, es decir, con qué, cómo y por qué algo es hecho. Si añadimos a aquel por quien algo es hecho, es decir, al artesano, tenemos ya cuatro principios diferentes: el material, el formal, el final y el eficiente[9].

17. Pero, por otra parte, quien es capaz de realizar algo de la nada o de reducir a la nada lo realizado, de transformar algo en otra especie, de aumentarlo sin añadir nada y de disminuirlo sin quitarle nada es evidentemente un artesano que precede a la naturaleza y que está por encima de ella, que también es el autor de la naturaleza y es de una naturaleza diferente a la de las cosas que realiza. Se le puede llamar principio, fuente u origen según el modo en el que se hace presente. Pero ¿quién puede discutir que el modo que es más digno, sublime y excelente que los demás es el que conviene a Dios, que es la realidad suprema y excelente por encima de todas las cosas?

18. Por lo tanto, existe una unidad que no es un número, sino principio del número[10]; que no es principio final, formal, material ni esencial según las causas seminales[11] de las cosas o la proporción entre los semejantes o la unidad del cuerpo, sino que es absolutamente principio eficiente, por el cual existe el número y sin el cual este no puede existir de ninguna manera, principio de otra esencia y de otra existencia diferente. Esta unidad es una, mientras que todo número es plural; es simple, mientras que el número es compuesto; es inmutable, mientras que el número es divisible. Esta unidad, existiendo verdaderamente en sí misma, da a los demás una existencia diferente.

19. El número dos, aunque sea un número y reciba de la unidad el ser, no existe de la misma manera que la unidad; ahora bien, en el número dos lo único que existe verdaderamente es la

10. Ambrosius, *De fide* 1, 2, 19: «La unidad no es número, sino que ella misma es principio de todos».

11. Acerca del concepto «causas seminales», cf. Augustinus, *De civitate Dei* 12, 26.

Quid enim est binarius, nisi bis unus vel unitas? Sed neque sicut pars in toto, ita unitas in binario; sed sicut efficiens principium eius sine quo esse non potest. Ubi autem binarius, si non sit unitas?

20. Quod autem alicubi dicitur unitas pars binarii aut simplex compositi aut tempus aevi, consideranda est ratio dicti ex causa dicendi; alioquin si unitas pars est altera binarii, quae erit altera? Quod si altera unitas, tunc duae erunt unitates; si autem duae, prorsus nulla. Unitas enim ante omnia existens, omnium est principium; esse autem duo omnium principia, impossibile est. Nam si paria sunt, neutrum erit alterius principium, ac per hoc nec omnium nec ante omnia nec unum vere et proprie. Non est igitur unitas nisi una et ipsa seipsa unitate una.

21. Est itaque, ut diximus, binarius verus bis unus et non duo uni vel unitates duae; et omnis numerus tot quotiens unus, nisi quis a rebus numeratis et adiacenti qua numerantur quantitate ad hanc quam dicimus numeri unitatem se attollere minus idoneus sit. Non est igitur in numeris quod vere existat et vera debeat numeri existentia dici nisi unitas, quae non est numerus nec pars numeri nec eiusdem naturae; efficiens tamen numerum; existens ante numerum, sine qua numerus non existat et in qua veraciter existat, eo quod in se eam existentem habeat. Similiter autem huic de simplici et composito, immobili quoque ac mobili. Non enim duo simplicia aut immobilia ulla ratio patitur, quorum alterum post omnia continens a nihilo, alterum super omnia regens et movens ad aliquid.

unidad[12]. ¿Qué es el dos sino dos veces uno o la unidad? Pero la unidad es en el binario no como una parte en el todo, sino como su principio eficiente, sin el cual no puede existir. ¿Acaso puede haber un binario si no hay unidad?

20. Cuando en algún lugar se dice que la unidad es parte del binario o el simple del compuesto o el tiempo una parte de la eternidad, la racionalidad de estas afirmaciones debe ser comprendida según la intención de quien habla. Pues si la unidad es una parte del binario, ¿qué será la otra parte? Si la otra parte es unidad, entonces habrá dos unidades, y si hay dos unidades no hay absolutamente ninguna. La unidad, en efecto, existe antes de todas las cosas y es el principio de todas las cosas. Es imposible que haya dos principios de todas las cosas. Si son iguales, ninguno de los dos será principio del otro y por eso no será principio de todas las cosas, ni anterior a todas las cosas, ni uno en sentido verdadero y propio. Luego no existe más que una unidad y ella misma es una por sí misma en su unidad.

21. En consecuencia, el binario, como hemos dicho, es verdaderamente dos veces uno y no dos unos o dos unidades. Cada número es tan grande como es tantas veces uno, salvo que alguien no sea capaz de elevarse desde las cosas numeradas y desde la cantidad accidental que permite enumerarlas hasta esta unidad de número de la que hablamos. No hay, pues, en los números algo que exista verdaderamente y que deba llamarse verdadera existencia del número, sino solamente la unidad. Esta no es número, ni parte de número, ni de su misma naturaleza, pero es la causa del número. Existe antes que el número, sin ella el número no existe, en ella el número existe de verdad porque el número tiene a la unidad existiendo en él. Lo mismo sucede con lo simple y lo compuesto, con lo inmóvil y lo móvil. La razón no admite dos simples y dos inmóviles. Lo simple está más allá de todas las cosas, preservándolas del no ser; lo inmóvil, por encima de todas las cosas dirigiéndolas y moviéndolas hacia un fin.

12. Se nota aquí una posible influencia de Thierry de Chartres, *De sex dierum operibus* 30: «La unidad precede a toda alteridad, ay que la unidad precede al binario, que es principio de toda alteridad».

22. Sunt itaque tria: unum, simplex, immutabile; ac ipsa tria simul unum et similiter simplex et aeque immutabile. Quae sola, immo quod solum et unum, in omnibus vere existit, non subsistit; quod si se subtraxerit, nihil est iam quod in omnibus subsistit vel assistit vel insistit. Quae cum in se vane ac inaniter omnia existant, sicut ait Sapiens: «Vanitas vanitatum et omnia vanitas», in ipso viva et aeterna, immo aeternitas et vita existunt, sicut ait beatus apostolus: «Quod factum est in ipso vita erat».

23. In ipso itaque omnia, sed ibi quod ipse. Ipse hic et in omnibus, omnium essentia, non quidem mutabilis secundum quam vanitas sunt, quae nec essentia sed imago et quoddam essentiae vestigium est, sed ea ubi omnia veritas sunt et vita, simul, semel et semper, quae vana et caduca per tempora et loca moventur: fons videlicet essentiae efficiens que principium sapientiae et iustitiae ac similium; ea habens, ea existens, non quae et qualia sunt in rebus, sed unde sunt et sine quibus esse non possunt quae in rebus sunt, cuius aliquod praetendunt investigandi vestigium, ut per ea quae facta sunt, pulchra et bona, pulcherrimus et optimus intellectu conspiciatur, a quo facta sunt, qui vivit et regnat Deus. Amen.

13. Todas las cosas tienen más valor en Dios que en sí mismas.

14. Todos los seres están en Dios como en su causa ejemplar y eficiente.

15. La creación es para Isaac una especie de único ser viviente, el cuerpo de la divinidad (*sermo* 32, 8; *Epistula de anima* 23, 25-27: «El conjunto de la creación es como el cuerpo de la divinidad, cada criatura es como un miembro singular»). Dios está presente en las criaturas en cuanto causa eficiente, para garantizar su existencia y preservarlas del no ser. Sin embargo, para Isaac Dios permanece claramente diferenciado de ellas por su propia naturaleza trascendente. Si bien en este pasaje podría constatarse una cierta tendencia panteísta de influencia platónica (*Timaeus* 30b) o estoica (Marcus Aurelius, *Meditationes* 4, 40), en estas pala-

22. Hay, por tanto, tres cosas: lo uno, lo simple y lo inmutable. Y estas tres cosas son a la vez lo uno, de manera semejante lo simple y de manera equivalente lo inmutable. Estas realidades por sí solas, o mejor dicho, el que es solo y uno, existe en todas las cosas verdaderamente sin subsistir, pues si se retira no queda nada que las sostenga, que esté junto a ellas o dentro de ellas. Todas las cosas son en sí mismas vanas e inanes, como dice el Sabio: *Vanidad de vanidades y todo vanidad* (Ecl 1, 2). No obstante, en él son vivas y eternas, o mejor dicho, son eternidad y vida, como dice el bienaventurado apóstol: *Lo que fue hecho era vida en él* (Jn 1, 3-4)[13].

23. Todas las cosas están en él, pero allí son lo que él mismo es[14]. También aquí está él en todas las cosas, como ser de todas las cosas, ciertamente no el ser mutable, según el cual todas son vanidad, que no es el ser, sino imagen y cierto vestigio del ser[15]. Él es el ser en el que todas las cosas, que se mueven vanas y caducas por el tiempo y por el espacio, son verdad y vida, todas a la vez, una sola vez y para siempre. Es decir, él es fuente del ser y principio eficiente de la sabiduría, de la justicia y de otras realidades semejantes. Él las posee y es ellas, pero no como ellas existen en las cosas, sino como realidades que dan existencia y sin las cuales no pueden existir las que existen en las cosas. Estas muestran a quien las investiga cierto vestigio de él, para que a través de la belleza y la bondad de las cosas creadas la inteligencia comprenda al que es bello y bueno en sumo grado[16], por quien todo ha sido hecho (cf. Rom 1, 20), Dios que vive y reina. Amén.

bras encontramos en realidad reminiscencias dionisianas. Así, para el Areopagita la divinidad es causa universal y bondad suprema, que llama a todas las cosas a la existencia y a que se unan a ella. Todos los seres inanimados participan de ella por el mero hecho de existir; los seres vivos participan de su poder vivificante que sobrepasa toda vida; los seres dotados de razón e inteligencia participan de su sabiduría y perfección, que está más allá de toda razón e inteligencia (*De coelesti hierarchia* 4, 1). Léase Fracheboud, *Le Pseudo-Denys l'Aréopagite parmi les sources du Cistercien Isaac*: Analecta cisterciensia (1948) 20-26.

16. El conocimiento de Dios a través de las criaturas (y también de las Escrituras) es tema central en la filosofía de Juan Escoto.

IN EODEM FESTO VI
[SERMO 23]

1. Vere verum est, fratres carissimi, Veritatis promissum: «Pulsate», inquit, «et aperietur vobis». Pulsavimus et apertum est, ut cernitis, ostium grande et evidens, quo patenter apparuit unum, quod Deum dicimus, ante omnia esse, sine omnibus esse posse, sine quo nihil et ex quo totum, et quomodo ex ipso et qualiter in omnibus ipse quae verius ac prius in ipso quam in se ipsis, in quo omnia ab aeterno quae facta sunt in tempore vel cum tempore, ut ait quis de illo philosophus: Pulchrum pulcherrimus ipse mundum mente gerens. Et alius: «Qui fecit quae futura sunt»; et: «Qui vivit in aeternum creavit omnia simul».

2. Nunc ergo, dilectissimi, concepta semel de Dei benignitate audacia, non demus ei silentium, propter quem silemus a mundo et ab invicem. Clamemus fortiter ad ipsum neque silet ipse, ne taceat a nobis et assimilemur «descendentibus», a solio excelso et elevato ubi Dominum vidimus, «in lacum» ignorantiae atque oblivionis, sicut stultus ille, qui «considerato vultu nativitatis suae in speculo, oblitus est qualis fuit».

1. Cf. Iohannes Scotus, *Commentarius in evangelium Iohannis* 1, 7: «La substancia de las cosas que han sido hechas por el Hijo comenzó a ser en este antes de todos los tiempos seculares, no en el tiempo, sino junto con los tiempos». Según el pensamiento de Juan Escoto, la substancia de los seres creados fue

SERMÓN 23

1. Es absolutamente verdadero, queridos hermanos, lo que la Verdad ha prometido: *Llamad*, dijo, *y se os abrirá* (Lc 11, 9). Hemos llamado y se ha abierto, como veis, una puerta grande y visible (cf. 1 Cor 16, 9) en la que se nos ha mostrado con evidencia que el Uno, a quien llamamos Dios, existe antes de todas las cosas y puede existir sin todas las cosas, que sin él no hay nada y que todo recibe su ser de él. Se nos ha manifestado cómo todo procede de él y de qué manera él mismo está en todas las cosas, las cuales existen en él de manera más verdadera y antes que en ellas mismas. En él existe eternamente todo lo que ha sido creado en el tiempo y con el tiempo[1], como dice acerca de él un filósofo: *Él mismo, la belleza suprema que lleva en la mente la belleza del mundo*[2]. Y otro dice: *Quien hizo lo que habría de ser* (Is 45, 11 LXX), y también: *Quien vive eternamente creó todo de una vez* (Eclo 18, 1).

2. Nosotros ahora, queridos hermanos, una vez que la bondad de Dios nos ha hecho audaces, no guardemos silencio sobre aquel (cf. Is 62, 7) a causa de quien guardamos silencio apartados del mundo y de nosotros mismos. Invoquémoslo con fuerza y pidámosle que no guarde silencio, que no deje de hablar ante nosotros, y que no nos parezcamos a los que descienden del trono excelso y elevado en el que hemos visto al Señor (cf. Is 6, 1), al lago de la ignorancia y del olvido (cf. Sal 27, 1), como aquel estúpido que *después de contemplar su imagen en el espejo se olvidó de cómo era* (Sant 1, 23-24).

creada en la mente del Hijo en lo que él llama «tiempos eternos», en un tiempo que no es posible medir, que no tiene nada que ver con el tiempo al que está sometida la creación.

2. Boethius, *Philosopiae consolatio* 3, metr. 9, 7-8.

3. Nihil enim hic ostendit aut revelat de se Deus, ut visum sufficiat, sed ut ad inquirendum accendat; nihil, ut hic satiet, sed ut ad sitiendum excitet: «Satiabor, inquit, cum apparuerit gloria tua»; interim vero: «Sitivit anima mea ad Deum fontem vivum». Cui ergo sufficit quod iam vidit, eo idipsum perdit quod amplius non inquirit.

4. Quaeramus ergo, fratres, de eius sancta mente qua mundum ante mundum gerit, ubi «fecit quae futura erant», ubi «creavit omnia simul». Sed si habet mentem, quomodo hoc non est ipse qui omnia sua est? Nam et de hominibus placuit philosopho dicere: «Mens cuiusque is ipse est»; et de mente quidem hominis constat dictum: «Fecit Deus hominem ad imaginem et similitudinem suam», si tamen habet mentem, sine qua nec sapientiam nec iustitiam habere posset. Duo quidem occurrunt, ipsum esse et aliquid habere; ipsum esse et ipsius aliquid, quod tamen de se sit et hoc quod ipse.

5. Et ecce nescio quo miro modo ratiocinatio invenit in vere et proprie uno etiam vere duo; id est quod est et quod eius, quod est de nullo et quod est de ipso; et ipsa duo vere unum, quia quod habet hoc est; ipsumque unum veraciter duo, quia nihil de seipso esse potest nec seipsum habere nec suiipsius esse dici potest aut convenit.

6. Convincitur ergo in hac beata ac ineffabili quam invenimus unitate, superadmirabili dualitate quae tamen non recedit ab unitate, esse aliquid de aliquo, alterum scilicet de altero; duo quidem sed unum, unum sed duo, scilicet principium et de principio: et hoc ip-

3. Platón, *Leyes* 12, 959a: «Cada uno de nosotros no es otra cosa más que el alma» (Platón, *Leyes*, *libros VII-XII*, trad. F. Lisi, Madrid 1999); Cicerón, *De republica* 6, 26.

3. En efecto, en este mundo Dios no muestra o revela nada de sí mismo para satisfacer la vista, sino para incitarnos a buscarlo; no para saciar, sino para provocar sed: *Me saciaré*, dijo, *cuando aparezca tu gloria* (Sal 16, 15). Pero, mientras tanto: *Mi alma tuvo sed de Dios, fuente* viva (Sal 41, 3). La persona a quien le basta lo que ya ha visto, pierde por esto mismo lo que ya no busca más.

4. Preguntémonos entonces, hermanos, acerca del santo pensamiento de Dios, que lleva en sí el mundo antes de la existencia del mundo, en el que *hizo lo que habría de ser* (Is 45, 11 LXX), en el que *creó todo de una vez* (Eclo 18, 1). Si tiene pensamiento, ¿cómo no va a ser él este pensamiento si él es todo lo que es suyo? En efecto, al filósofo le pareció correcto decir acerca de los hombres: *El pensamiento de cada uno es él mismo*[3]. Precisamente, acerca del pensamiento de los hombres se ha dicho: *Dios hizo el hombre a imagen y semejanza suya* (Gn 1, 27), si es que tiene pensamiento, sin el cual no podría tener sabiduría ni justicia. Es necesario distinguir el ser como tal y el tener, el ser como tal y algo que es propio de él, que sea de él y sea lo que él mismo es.

5. Y he aquí que, de una manera sorprendente, la argumentación razonada descubre en la verdadera unidad una verdadera dualidad, esto es, lo que es y lo que es suyo; lo que no es de nadie y lo que es de él mismo. Pero esta dualidad es en realidad una unidad, porque él es lo que posee[4]. Lo uno es verdaderamente dos porque nada puede ser de sí mismo; tampoco es posible ni exacto decir que uno se tiene a sí mismo, o sea, que se posee a sí mismo.

6. De esta manera, en esta bienaventurada e inefable unidad que hemos descubierto, se prueba que –gracias a una dualidad más que admirable y que, sin embargo, no contradice a la unidad– existe algo que proviene de algo, es decir, una realidad proviene de la otra. Son dos y, sin embargo, son una; son una y, sin embargo, son dos. Hay un principio y algo que procede del

4. Cf. Augustinus, *In Iohannis evangelium* 48, 6, 15-43.

sum, principium idem quod est ante omnia, mens in qua omnia, nec tamen duo principia, quoniam quod habet hoc est; pater et proles, quod de nullo sit ac quod nisi de aliquo esse non possit. Quod enim de nullo est et de quo aliquid semper est, quid convenientius quam pater, mutuato vocabulo, dici potest eius quod de illo est? Quod vero de illo, non incongrue etiam, si non alia praeiudicet ratio, prolem eius dicere est.

7. Exstante itaque uno simplici ac immobili, quod duo tamen manifestum est esse, cum et sit et habeat quod sit eius; nec tamen nisi unum, cum quod habet hoc sit; nec nisi de se habeat quod in se habet et apud se: quidquid ibi incomprehensibili veritate occurrit de nullo esse, Patrem dicimus; quidquid de illo solo qui de nullo est et Pater dicitur, quia de illo aliquid tamquam proles eius est, Filium nuncupamus: alterum in proprietate, quia eius de ipso et in ipso et apud ipsum; idem in unitate essentiae cum ipso, quia omnia quae habet est qui omnia sua est, et quod ipsius de ipso est, aliud quam ipse esse nullo modo potest, qui omnino simplex et indivisibilis est.

8. Non enim simplex dividitur, nec ut duo sit unum geminatur, nec immotum coepit habere quod ante non habuerit, nec immutabile desinere esse potest quod semper fuit. Semper enim et ante omnia unum et de nullo, ac semper in eodem aliquid de aliquo, ut semper sit Pater et sempiternus eius de eo solo Filius. Numquam autem qui de nullo, is de aliquo; nec qui de aliquo, is de nullo ne umquam sit aut Pater suus Filius aut Filius Pater suus. Semper qui de nullo et qui de

principio y, sin embargo, este último es el mismo principio que existe antes de todas las cosas, el pensamiento en el que están todas las cosas. Pero no hay dos principios, porque él es lo que posee; padre e hijo, lo que no es de nadie y lo que solo puede ser de alguien. En efecto, a lo que no es de nadie y de quien alguien siempre es, ¿cómo se le puede designar con mayor corrección que con la palabra prestada «padre», esto es, padre de aquel que procede de él? De la misma manera no es incongruente llamar «hijo» suyo a aquel que procede de él, a no ser que se interponga otro razonamiento[5].

7. Existe, por tanto, el uno, que es simple e inmóvil, el cual, sin embargo, es con toda evidencia dos, puesto que no solo es, sino que también tiene lo que es de él. A pesar de esto, es solamente uno, porque es lo que tiene. Tiene necesariamente de sí lo que tiene en sí y junto a sí. Todo lo que hay en él, que en virtud de una verdad incomprensible no procede de nadie, lo llamamos «Padre». Todo lo que solo procede de aquel que no procede de nadie y que es llamado «Padre», lo llamamos «Hijo», porque es como su progenie. Este se diferencia del Padre en sus propiedades, porque es de él, procede de él, está en él y está junto a él, pero está en la una unidad de la esencia con él, ya que quien es todas sus cosas es todo lo que tiene y, como lo suyo procede de él, de ninguna manera puede ser otro ser que él mismo, quien es absolutamente simple e indivisible.

8. En efecto, lo simple no se divide ni lo uno se desdobla para que sean dos. Lo inmóvil no comienza a tener lo que antes no tenía, ni lo inmutable puede dejar de ser lo que siempre ha sido, pues lo uno existe siempre y antes de todas las cosas uno, y no procede de nadie. En él hay siempre una realidad que procede de otra realidad, de manera que siempre es Padre y su Hijo, que procede solamente de él, es sempiterno. Nunca puede ser que el que no procede de nadie proceda de alguien ni que el que procede de alguien no proceda de nadie, de modo que el Padre nunca sea su propio Hijo ni el Hijo sea su propio Padre.

5. Anselmus, *Monologion* 39-42.

illo eius in illo, unum ac idem, simplex, aeternum, ut sit Pater et proles una natura, essentia eadem et caetera similia.

9. Itaque aeternitas Pater, de aeternitate Filius aeternitas; principium Pater, de principio principium Filius; potentia Pater, et de <potentia> potentia Filius; sic sapientia, sic iustitia, sic virtus et similia, quae iuxta rationalem quam diximus nostram theologiam multa sunt, in summa vero et divina ineffabiliter unus, ut cum omnia haec habeat, unus tamen habeat unicum in quo simul, semel, semper omnia unum, quae in se inaniter multa computantur et veraciter nulla inveniuntur. Ad symbolicam quoque theologiam descendentes, eamdem sequimur semitam veritatis, ut cum dicitur Verbum, imago, splendor, character, figura, candor, brachium, manus, dextera, ubique intelligatur aliquid alicuius et in omnibus unum unius, eiusdem essentiae, proprietatis diversae.

10. Itaque quod ad rem pertinet unde progressi sumus, quare Verbum dicatur, investigemus. Sunt itaque menti rationali tria exercitia, propter praeterita, praesentia, et futura, ex tribus eius naturalibus potentiis: ratione, memoria, ingenio. Ingenium exquirit incognita, ratio iudicat inventa, memoria recondit diiudicata et offert etiam adhuc diiudicanda. Ingenium ergo quae adinvenit rationi adducit, memoria quod abscondit reducit, ratio vero tamquam praesentibus superfertur et quasi in ore cordis semper aut masticat quod dentes ingenii carpunt, aut ruminat quod venter memoriae repraesentat.

Quien no procede de nadie y quien procede de él es de él y está en él, son uno solo y el mismo, simple y eterno, de manera que el Padre y su progenie son una única naturaleza, un mismo ser y así sucesivamente.

9. Por tanto, el Padre es eternidad, el Hijo es eternidad que procede de eternidad. El Padre es principio, el Hijo es principio que procede del principio. El Padre es poder, el Hijo es poder que procede del poder y de la misma manera sabiduría, justicia, virtud y otras cosas semejantes, que, según nuestra teología racional, como ya hemos dicho, son múltiples, pero que en la teología divina suprema son inefable unidad. De esta manera, poseyendo todo esto, lo uno posee algo único en el que todas estas realidades existen a la vez, una sola vez, siempre y formando una unidad, realidades que de manera errónea son percibidas como una pluralidad, pero que en realidad se demuestra que son nada. Descendiendo a la teología simbólica seguimos el mismo camino de verdad, de manera que cuando se habla de Verbo, de imagen, de esplendor, de carácter, de figura, de claridad, de brazo, de mano, de derecha, todos estos términos dan a entender una cosa perteneciente a alguien, todos designan algo único perteneciente a algo único, de la misma esencia, pero de propiedad diversa.

10. Investiguemos la cuestión pertinente de la que hemos partido: ¿por qué se llama Verbo? Para el pensamiento racional hay tres ejercicios que tienen que ver con lo pasado, lo presente y lo futuro, y este los realiza con sus tres potencias naturales: la razón, la memoria y el ingenio[6]. El ingenio investiga lo desconocido, la razón juzga lo que se ha descubierto, la memoria guarda los juicios y ofrece al juicio otras preguntas. El ingenio muestra a la razón lo que ha encontrado, la memoria saca a la luz lo que esconde, la razón se ocupa del presente y no deja de masticar, por decirlo así, en la boca del corazón lo que agarran los dientes del ingenio ni de rumiar lo que devuelve el vientre de la memoria.

6. Cf. Isaac a Stella, *Epistula de anima* 12.

11. Quod enim percepimus et scientiam iam vocamus, aut in ore cordis nobis est ut inde nobis cum quasi praesentialiter loquamur, id est cogitemus, vel si proprius dicitur meditemur, id est praesens intus speculemur, et inde prius tractemus, ut hoc ipsum quod modo loquimur, quod utique prius est verbum cordis quam oris; aut in ventre memoriae occultatur etiam a nobis. Non enim omne quod scimus semper occurrit nobis, nec semper versatur in intuitu scientis omne quod scit. Verumtamen temporaliter et per partes a memoria tamquam reconditum abstrahitur, et in ore cordis praesens formatur verbum quod foris in ore carnis agit strepitum.

12. Quamobrem, sicut ex dictis liquet, quia Deo nihil futurum, nihil praeteritum, sed totum quod est vel utcumque fore potest, quoquoversum varietur aut variari possit, in ictu intuentis praesens simul et semel et semper est: nihil de memoria cogitatio referat, immo nec cogitatio nec memoria ibi locum habeat unde nihil eat, quo nihil redeat; nihil de ingenio studium afferat, immo neutrum ibi ullum locum habeat, ubi nihil deerat; merito ei omnia tamquam superpraesentia et immobiliter aeterna in Verbo esse dicuntur et ratione mentis, quae simul et semel et semper se cum tractet, sibi loquatur.

13. Non enim quod est aut fuit aut erit loquitur tantum, sed et quidquid esse potest, quomodocumque et undecumque, qualiter, ad quid, et quare autem sit quod est et quare non sit quod non est. Sed neque per partes, ut hoc prius, id posterius, penes quem nulla est vicissitudo, sed uno, simplici, aeterno fixo que intuitu,

7. Cf. Augustinus, *De Trinitate* 15, 10-11 y 17-21.

11. En efecto, todo lo que hemos percibido y ya llamamos conocimiento está en la boca de nuestro corazón, de manera que hablamos de ello como de algo presente. Es decir, pensamos o, para ser más precisos, meditamos acerca de ello. En otras palabras: lo contemplamos en nuestro interior como algo presente. Por eso anteriormente lo modelamos como aquello de lo que vamos a hablar, pues la palabra del corazón precede a la palabra de la boca[7]. También puede suceder que este conocimiento permanezca escondido en el vientre de la memoria incluso para nosotros. En efecto, no todo lo que sabemos se presenta ante nosotros reiteradamente ni el sabio tiene siempre delante de su mirada todo lo que sabe, sino que lo que está de alguna manera escondido es recuperado por la memoria y es modelado en la boca del corazón como palabra presente que encuentra su expresión en la boca del cuerpo.

12. Como resulta claramente de lo dicho, dado que para Dios nada es futuro, nada es pasado, sino que todo lo que es o lo que puede ser de cualquier manera, da igual que varíe o sea susceptible de variar, está presente a la vez, una vez y para siempre en un destello de intuición, el pensamiento no podría tomar nada de la memoria. Ni el pensamiento ni la memoria tendrían un lugar allí de donde nada puede salir, a donde nada puede volver. La investigación no aportaría nada a partir de la inteligencia. Ni la una ni la otra tendrían un lugar allí donde nada podría faltar. Con razón se puede decir que para Dios todo es como superpresente e inmutablemente eterno en el Verbo y en la razón de su pensamiento, todo lo que él piensa y se dice a sí mismo a la vez, una vez y para siempre[8].

13. Él no dice solo lo que es, fue o será, sino también lo que puede ser sin que importen el cómo y el de dónde; dice cómo, para qué y por qué existe lo que existe y por qué no existe lo que no existe. No encuentra las cosas por partes, unas antes y otras después, puesto que en él no hay ningún cambio, sino que las ve con una sola mirada, simple, eterna, fija, simultáneamente o,

8. Id., *Enarrationes in psalmos* 44, 5, 26: «El decir de Dios no tiene inicio ni tiene fin»; cf. también *De Genesi ad litteram* 1, 2.

simul, immo, si dici potest, supersimul; neque saepius hoc, tamquam finitum, reperit: infinitum enim sit necesse est, quod infinito aequale est; neque aliud super hoc aut hoc dimisso loqui potest, quia hic quidquid est, vel quoquomodo esse possibile est, eum ineffabiliter effari manifestum est.

14. Unde nec aliud nec aliter nec idem secundo dici ulla ratione potest, ubi nihil praeterit vetus, nihil oritur novum, totum manet aeternum; ubi nulla «transmutatio nec vicissitudinis obumbratio». Et ita sicut simul, ita et semel; et quia numquam se super omnia et in se omnia non videt, hoc etiam et semper.

15. Non enim prius fuit et postea se vidit; aut insipiens sapientiam adinvenit, qua saperet; aut otiosus cogitare coepit quid faceret; aut quod semel cogitavit et sibi intus dixit, postea mutavit immutabilis; aut terminavit infinitus quod sicut incipere non potuit ita nec finire; cuius intus «consilium» non inchoat et transit, sed nascitur et totum «permanet in aeternum», et «cogitationes cordis eius» perfectae, sed non finitae nec inceptae nec transactae, «in generatione et generationem».

16. Ibi enim nihil incoeptum, nihil finitum, sed totum infinitum, nec tamen imperfectum; nihil praeteritum, nihil futurum, sed totum praesens, sed nec hoc proprie. Nam si dicimus: loquitur Deus, aut: cogitat, nondum videtur perfectum verbum sive cogitatio, ut adhuc totum locutus sit vel praecogitarit; et si dicimus: locutus est, videtur transactum, quasi iam sileat; si autem: loquetur, futurum videtur, ac si nondum coeperit.

9. Id., *Enarrationes in psalmos* 101, 2, 10, 28-31: «Allí (en Dios) nada es pasado como si ya no fuera, nada es futuro como si todavía no fuera. Allí solo hay

mejor dicho, supersimultáneamente, si puede decirse así. Tampoco encuentra varias veces, como en el caso de un conocimiento finito, pues lo que es igual a lo infinito tiene que ser infinito. No puede hablar añadiendo una cosa o suprimiendo otra, porque es evidente que dice de manera inefable todo lo que está en este mundo o todo lo que de alguna manera es posible.

14. Por eso no puede decir otra cosa o de otra manera, ni decir lo mismo dos veces, porque en él nada viejo pasa, nada nuevo surge, sino que todo permanece eterno. Por eso *no hay cambio ni sombra de variación* (Sant 1, 17). Del mismo modo que dice todo a la vez, así también lo dice una vez. Como no hay un solo momento en el que no se vea por encima de todo y no vea todo en sí mismo, él es lo que es eternamente.

15. No es que haya sido antes y después se haya visto o que haya estado privado de sabiduría y haya encontrado después la sabiduría con la que se convirtió en sabio; no es que estando ocioso haya comenzado a pensar qué hacer; o que lo que una vez pensó y se dijo a sí mismo lo haya cambiado, él que es inmutable; o que él, que es infinito, haya llegado a su fin, puesto que, de la misma manera que no puede comenzar, tampoco puede terminar. Su consejo secreto no comienza ni termina, sino que nace y *permanece* entero *para toda la eternidad*; además, los *pensamientos de su corazón* son perfectos e infinitos, sin que hayan comenzado ni concluido, y permanecen *de generación en generación* (Sal 32, 11).

16. En Dios nada ha comenzado, nada ha terminado. Todo es infinito sin ser imperfecto. Nada es pasado, nada es futuro, sino que todo es presente. Incluso esta misma expresión es impropia. En efecto, si decimos: «Dios habla» o «Dios piensa», parece que la palabra o el pensamiento aún no han terminado, cuando en realidad Dios ya ha dicho o pensado todo con antelación. Si decimos: «Dios ha hablado», parece que esto ha concluido, como si Dios ahora estuviera en silencio. Si decimos: «Dios hablará», parece que esto sucederá, como si aún no hubiera comenzado a hablar[9].

'es'. Allí no hay 'fue' y 'será', porque lo que fue ya no es y lo que será todavía no es. Lo que hay allí es solo 'es'».

17. Unde manifestum est, cum de Dei ineffabili supernatura aut Verbo loqui cogimur, qui silere non sinimur, sicut nullum excogitari potest nomen exprimens de quo dicitur, sic nec verbum proprie significans id quod de eo recte dicitur.

18. Sed ecce, dilectissimi, sequentes ipsum Verbum lucernam factum pedibus nostris, tenentes que quocumque ierit, quaqua transierit et quocumque se verterit, nec dimittentes quocumque penetraverit et introierit, tandem «introduxit» nos «in domum» Patris sui, «et in cubiculum genitricis», id est ingenitae paternae essentiae, sapientiae et potentiae: Pater enim de essentia sua Filium genuit. Nos quoque introduximus Verbum – quoniam sic ibi scriptum est – «in domum matris nostrae». Dum enim ortum huius sancti seminis, id est Verbi Dei indagavimus, nostrum profecto invenimus; non quidem aliunde sed aliter inde. Nam cum de uno omnia conditione temporali et initio, solus hic ab eodem generatione naturali et aeterna sine initio.

19. Coruscante ergo lucerna, ut diximus, et lumen «faciente» pedibus nostris, quod proposuimus quaerere, ex parte invenimus, et hoc ipsum nonnisi ex parte locuti sumus, et fortassis pars aliqua nostri nonnisi ex parte quod locuti sumus intellexit, scilicet unde ortum sit Verbum et quomodo et quando et quale: id est quis locutus sit prius et quid et cui et quomodo et quando. Verumtamen in his omnibus nondum seminatum foris Verbum, sed quod foris seri possit inventum.

17. Por eso una cosa está clara: cuando estamos obligados a hablar de la inefable supernaturaleza de Dios o de su Verbo, porque no nos está permitido guardar silencio, no nos es posible pensar un nombre que exprese aquello de lo que se habla. De la misma manera, tampoco es posible encontrar una palabra que signifique con propiedad aquello que con razón se dice de él[10].

18. Pero he aquí, queridos hermanos, que si seguimos al Verbo mismo, convertido en lámpara para nuestros pasos (cf. Sal 118, 105), si nos unimos a él adondequiera que vaya (cf. Ap 14, 4), por todos los lugares por donde pase y adondequiera que se dirija, si no lo abandonamos hasta el lugar en el que entre o penetre, al final él nos habrá *introducido* en la casa de su Padre, *en la alcoba materna* (Cant 3, 4), esto es, en su esencia paterna no engendrada, en su sabiduría y en su poder. En efecto, el Padre engendró de su esencia al Hijo. También nosotros hemos introducido al Verbo –así está escrito– *en la casa de* nuestra *madre*, pues, mientras investigábamos el origen de esta semilla santa, esto es, del Verbo de Dios, hemos encontrado sin duda el nuestro propio. Nuestro origen no es de otro lugar, sino del mismo, pero de otra manera. Mientras que todas las cosas proceden de un solo principio por creación temporal y desde un inicio, solo él proviene del mismo principio por generación natural y eterna sin un inicio.

19. Gracias al brillo de esta lámpara, como ya hemos dicho, y a su luz que ilumina nuestros pasos hemos encontrado en parte lo que nos hemos propuesto investigar y lo hemos expuesto, aunque solo sea parcialmente. Quizá alguno de nosotros solo ha comprendido una parte de lo que hemos dicho, esto es, de dónde procede el Verbo, cómo, cuándo y con qué cualidades, es decir, quién ha hablado primero, qué ha dicho, a quién lo ha dicho, cómo y cuándo lo ha dicho. A pesar de todo lo expuesto, todavía no hemos encontrado el Verbo que ha sido sembrado fuera, sino el Verbo que podría haber sido sembrado fuera.

10. Pseudo-Dionysius Areopagita, *De divinis nominibus* 1, 7.

20. Itaque, fratres, sed de alio initio, quaeramus ubi et quare et quomodo et quando seminatum est, postulantes ipsum sancti et secreti Verbi Satorem, ut horum in nobis dignetur intellegentiam serere et vobis, fratres, de sermonis nostri festuca eiusdem intelligentiae fructum metere. Quod enim seminatur, hoc mediante ministerio culmi cum fenore in terra bona metitur. Quod nobis ac vobis praestare dignetur filius hominis et ipse Dei Verbum, semen et sator idem, id est Dominus noster Iesus Christus, «cui honor et imperium» in saecula saeculorum. Amen.

20. Por tanto, hermanos, investiguemos en un nuevo sermón dónde, por qué, cómo y cuándo fue sembrado, pidiendo al propio Sembrador del Verbo santo y secreto que tenga a bien sembrar en nosotros la comprensión de estas verdades y que os conceda cosechar a partir de la paja de nuestro discurso el fruto de esta misma comprensión. En efecto, lo que se siembra, con la ayuda del tallo, se cosecha con ganancia si se siembra en tierra buena. Que el Hijo del hombre, el propio Verbo de Dios, que es a la vez semilla y sembrador, nuestro Señor Jesucristo, tenga a bien conceder esto a nosotros y a vosotros. A él *el honor y el poder* (1 Tim 6, 16) por los siglos de los siglos. Amén.

IN EODEM FESTO VII
[SERMO 24]

1. Modo in nobis, dilectissimi, cernere est quomodo totus homo in sudore vultus sui vescitur pane suo. Vere enim transverberans carnem, pervenit usque ad animam gladius. Ecce succidentes nobis novale ne super spinas seminemus, sudore defluimus, urente nos desuper sole fere meridiano. Itaque ob terrenum semen nimis fatigati, sub patulae, quam prope cernitis, ilicis tegmine paulisper reclinemus, ubi etiam non sine interno quodam sudore divini nobis Verbi semen excutiamus, molamus, conspergamus, coquamus, edamus, ne ieiuni et fatigati deficiamus.

2. Hodiernus ergo nobis panis primus erit investigare quare exiit qui exiit «seminare semen suum». Intus enim timeri non poterat defectus, ut foris quaereretur profectus. Sed et sicut minui non potest unum, sic nec multiplicari infinitum, nec decrescere simplex, nec augeri immensum, nec immobile omnino moveri. Unde alium apponendum panem cernitis, scilicet quomodo exire potest qui moveri non potest.

3. Fratres, antequam sensilis iste mundus fieret, nihil omnino minus erat quam adhuc nunc est, immo infinite amplius quam in hac sensibilitate existat. Totum enim quod in exemplo patet, prodiisse de exemplari necesse est; sed totum quod est in exemplari, in exemplum venisse nondum verum est. Ibi enim, quod saepe iam diximus, non solum quae facta sunt, sed quaecumque fieri possunt, pulchrius et verius existunt, ubi non mutabilia et transitoria et vana, sed veritas et vita

SERMÓN 24

1. Ahora podemos ver en nosotros, queridos hermanos, cómo el hombre en su totalidad se alimenta de su pan con el sudor de su rostro (cf. Gn 3, 19). En efecto, es verdad que la espada, penetrando en la carne, ha llegado hasta el alma (cf. Jr 4, 10). Desbrozando el barbecho para no sembrar sobre espinas (cf. Jr 4, 3) sudamos bajo los rayos ardientes del sol casi a mediodía. Por eso, fatigados en exceso a causa de esta siembra terrestre, descansemos un momento bajo las hojas de esta encina de ancha copa que veis a un paso. Ahí, sin dejar de sudar interiormente, trillemos el grano del Verbo divino, molámoslo, mojémoslo, pongámoslo a cocer, comámoslo para no sucumbir al cansancio y al hambre (cf. Mt 15, 32).

2. El pan de hoy consistirá en investigar por qué salió el sembrador a sembrar su semilla (cf. Lc 8, 5), pues dentro no podía temer una carencia que le llevara a buscar fuera un beneficio. De la misma manera que el uno no puede ser disminuido, así tampoco el infinito puede ser multiplicado, ni el simple ser mermado, ni el inmenso ser aumentado, ni el inmóvil ser movido. Por eso, como veis, es preciso poner otro pan (cf. Mc 8, 6), o sea, investigar cómo puede salir quien no se puede mover.

3. Hermanos, antes de que este mundo visible fuera creado no había absolutamente nada menos de lo que hay aún ahora. Es más, había infinitamente más de lo que hay ahora en este mundo sensible. En efecto, todo lo que es visible en la copia procede necesariamente de su modelo. Sin embargo, esto no quiere decir que todo lo que está en el modelo haya pasado a la copia. En efecto, en el modelo, como ya hemos dicho con frecuencia, existen de manera bella y verdadera no solo lo que ha sido hecho, sino

sunt. Postremus namque rerum finis, sensilis iste status est; sicut et supremus, ille archetypus; de quibus scriptum est: «Attingens a fine usque ad finem fortiter, et suaviter omnia disponens».

4. Ilex ista cuius hic refrigeramus beneficio, longe quidem pulchrius et mirabilius tota fuit in modica glande quam nunc existat in tam grandi robore, peragens que circuitum suum, ecce iterum consummatur in glande. De glande enim ceu de puncto circumducta linea radicis, roboris, frondis, ramusculi, folii, floris, itidem ad glandem occurrit. Ipsa quoque, modicum semen tantae roboris, pulchrius in seminario matris telluris et mirabilius tota consistit. Sed et ipsum in elementis, et ipsa in materia. Ipsa vero materia cum caeteris universis, modis omnibus excellentius, formosius et verius in mente divina.

5. In robore ergo actualiter, ut cernitis, ilex subsistit, in glande autem seminaliter, in terra originaliter, in elementis causaliter, in materia possibiliter, in Deo potentialiter: in aliis mutabiliter ac mortaliter, in Deo immortaliter.

6. Cum igitur in Deo sint omnia, non solum potentia qua fiant, sed etiam praescientia, immo, quantum ad ipsius interest, praesenti sapientia, quid sibi voluit magnus ille gentium theologus, ut diceret, elatum ingenti gaudio Deum, cum mundum perfecisset? Numquid aliquid novi foris vidit quod intus non praeviderat? Numquid in exemplo pulchrum aliquid quod non esset pulchrius in exemplari? In arte quam in opere nimirum

1. San Agustín dice que de la misma manera que el árbol se encuentra contenido en la semilla, también el mundo existe antes de su evolución temporal (*De Genesi ad litteram* 5, 23).

también lo que podría ser hecho. Allí no hay realidades mutables, transitorias o vanas, sino que hay verdad y vida. Esta manera de ser sensible es, en efecto, el último límite de las cosas, del mismo modo que el límite supremo es el arquetipo. Acerca de esto fue escrito lo siguiente: *Se extiende con fuerza de un confín al otro disponiendo todo con suavidad* (Sab 8, 1).

4. Esta encina que nos proporciona una fresca sombra era mucho más bonita y admirable cuando estaba dentro de una pequeña bellota que ahora, cuando se encuentra en este gran árbol. Este árbol prosigue su ciclo vital y lo consuma, convirtiéndose de nuevo en una bellota. A partir de la bellota, como a partir de un punto, es trazada una línea que pasa por la raíz, el tronco, la copa, el ramaje, las hojas y las flores para terminar otra vez en una bellota. Esta bellota, pequeña semilla de un árbol tan grande, es más bella y más admirable cuando se encuentra toda ella en la capacidad germinativa de la madre tierra. La capacidad germinativa reside en los elementos y estos en la materia. La materia, con todas las demás cosas, subsiste en todos los aspectos de manera más excelente, más hermosa y más verdadera en la mente divina[1].

5. En este árbol, como podéis ver, subsiste una encina de manera actual, mientras que en la bellota lo hace de manera seminal, en la tierra de manera original, en los elementos de manera causal, en la materia de manera posible y en Dios como causa eficiente; en todas estas cosas de manera mutable, en Dios de manera inmortal.

6. Dado que todas las cosas están en Dios no solo por el poder mediante el que son creadas, sino también por su presciencia o, mejor dicho, en lo que a él mismo respecta, por su conocimiento presente, ¿qué quiso decir aquel gran teólogo de los paganos cuando afirmó que Dios sintió una gran alegría después de haber creado el mundo?[2] ¿Acaso vio fuera algo nuevo que no había visto antes en sí mismo? ¿Había acaso algo bello en la copia que no era más bello en el modelo? En efecto, toda obra es más bella en

2. Plato, *Timaeus* 37c.

pulchrius est opus omne. Unde, si gaudere oportebat, intus utique erat altior gaudendi occasio.

7. Nec ego tamen tantum philosophum – Plato quippe erat – id pueriliter dixisse crediderim, cum simile aliquid noster Moyses theologizarit. Et «vidit», inquit, «Deus cuncta quae fecerat, et erant valde bona», quasi intus aut lucidiora non vidisset aut meliora non approbasset. An fortasse, peracto opere, uterque theologus in operis fine finalem causam operis subtiliter insinuarit, ille gaudium, is bonitatem?

8. Quantum putamus gaudium, quantam laetitiam, quantam exsultationem, quantam delectationem, quantam iucunditatem intus habeat, in tanta et de tanta maiestate potentiae et luce sapientiae, ubi simul et semel et semper omnem pulchritudinem, omnem rationem, omnem ordinem, omnem causam, omnem effectum in se ac super omnia se conspicit? Quare ergo foris videre concupivit utique incomparabiliter minus decora? Fortasse ob ipsum ineffabile ac incomprehensibile gaudium et delectationem.

9. Sed ecce, dum de fine etiam hic molimur finire sermonem, interlucere incipit in hac superincomprehensibili, una et simplici immobilitate nescio quid tertium, quod nec de nullo nec de uno tantum esse possit. Si enim intus de hac sua luce et cum sua luce gaudet ac delectatur, gaudium illud ac delectationem de utroque procedere manifestum est: de illo scilicet qui gaudet et de illo de quo et cum quo gaudet. Utrumque enim principium constat esse gaudii quod huius de illo est.

10. Verum quoniam is qui gaudet cum eo de quo gaudet et in quo delectatur unum esse superius constitit, et quidquid habet unum, hoc idipsum esse, est

3. Cf. Augustinus, *De civitate Dei* 11, 21.

la idea artística que en su plasmación. Luego, si debía alegrarse, tenía mayor motivo de alegrarse interiormente.

7. Yo no querría pensar que un filósofo tan importante (se trata de Platón) dijo esto de manera pueril, puesto que nuestro Moisés expuso una idea semejante desde el punto de vista teológico: *Y vio Dios*, dice, *todo lo que había hecho y esto era muy bueno* (Gn 1, 31), como si no hubiera visto en sí mismo cosas más brillantes o no hubiera reconocido la existencia de cosas mejores. ¿No puede ser quizá que ambos teólogos insinuaran sutilmente, una vez realizada la obra, la causa final de esta, para uno la alegría, para el otro la bondad?[3]

8. ¡Qué gozo, qué alegría, qué exultación, qué deleite, qué encanto debe sentir Dios en su interior, según pensamos, al comprobar su poder majestuoso y su brillante sabiduría, cuando a la vez, una sola vez y siempre, contempla en sí mismo toda belleza, toda razón, todo orden, toda causa y todo efecto, y se ve por encima de todas las cosas! ¿Por qué desea ver fuera realidades que son incomparablemente menos bellas? Quizá precisamente debido a la alegría y a la delectación inefable e incomprensible[4].

9. Pero he aquí que, mientras intentamos concluir esta homilía acerca de la causa final, comienza a brillar en esta realidad inmutable, superincomprensible, única y simple, un cierto tercer elemento que necesariamente tiene que proceder de alguien y no puede proceder solamente de uno. Si, en efecto, Dios se alegra y se deleita interiormente en su luz y con su luz, está claro que esta alegría y delectación procede de dos, de aquel que se alegra y de aquel de quien y con quien se alegra. Es evidente que tanto el uno como el otro son principio de la alegría, porque es alegría de uno que procede del otro.

10. Pero dado que el que se alegra es uno con aquel de quien se alegra y en el que se deleita, tal como se ha demostrado más arriba, y puesto que el uno es todo lo que tiene, ciertamente es

4. Ricardo de San Víctor prueba cómo la pluralidad de personas afirmada por la plenitud de la bondad es confirmada por la plenitud de la felicidad divina (*De Trinitate* 3, 3).

utique cum gaudio suo unum, quippe in quo incidere nihil potest alienum, nihil incipere novum, nihil interire antiquum, sed totum permanet aeternum, cum tamen inventum sit iam trinum. Porro de quo gaudet amat et in quo delectatur diligit. Unde et amor et dilectio de utroque liquet esse in utroque, sed idem ipsum cum utroque.

11. Quoniam ergo in hac adoranda unitate quidquid de nullo esse occurrit, quibuscumque verbis dicatur, Patrem appellamus, quidquid autem de uno solo, Filium dicimus, restat ut quidquid de duobus esse in eo invenitur, utriusque dicatur, nec tamen Filius, ne confusio nascatur, sed Spiritus sanctus, ut proprietas discernatur et amborum suavitas et dilectio et pax et delectatio intelligatur, et hoc totum unum esse firmiter teneatur, ne ab unitate propter Trinitatem recedatur.

12. Exsultans itaque et gaudens in sua luce lux vera, quid eguit nostris tenebris, ut videret foris obscurum quod intus habebat tam lucidum? Nam si lux erat, lucens utique erat. Quid enim est aliud lucere quam lucem de se gignere? Sed quam, rogo, lucem de se gignit lux, dum lucet, nisi quod ipsa est quae lucet? Numquid lux et lucens duas luces significant? Verumtamen nec indifferenter eamdem.

13. Lux etenim quod sit tantum significat, id est solum lucis essentiam; lucens vero de luce lucem esse declarat. Nec tamen aliam de alia, sed aliter eamdem significat, ut alia sit proprietas, non alia lucis veritas. Lucere vere quid est, nisi luce praebere? Nec aliam equidem quam ipsam quae lucet de luce. Lux tamen,

5. Augustinus, *De Trinitate* 6, 10, 11: «Aquella dilección, delectación, felicidad o bienaventuranza (…) es en la Trinidad del Espíritu Santo»; Bernardus Claravallensis, *Sermones super Cantica canticorum* 8, 2: «Si se admite que el Padre da el beso y que el Hijo lo recibe, no será erróneo pensar que este beso

con su alegría una única realidad, puesto que en él nada nuevo puede introducirse, nada nuevo puede comenzar, nada antiguo puede desaparecer, sino que todo él permanece eterno, aunque ya se muestre como trino. Además, ama a aquel de quien se alegra y siente dilección por aquel en quien se deleita. Por eso está claro que el amor y la dilección que proceden del uno y del otro se encuentran en el uno y en el otro y se identifican con el uno y con el otro.

11. Luego en esta adorable unidad, a lo que no procede de nadie, sean cual sean las palabras con las que se puede nombrar, nosotros lo llamamos «Padre». A lo que procede solo de uno lo llamamos «Hijo». Y ya solo queda dar un nombre a lo que procede de los dos y pertenece a los dos. No debe llamarse «Hijo del uno y del otro» para evitar confusión, sino «Espíritu Santo», para distinguir su propiedad y para que sea comprendido como dulzura, amor, paz y deleite de los dos[5]. Es necesario mantener firmemente que estos tres constituyen una unidad, de manera que a causa de la trinidad no se abandone la unidad.

12. ¿Por qué la luz verdadera, exultando y alegrándose en su propia luz, necesitó nuestras tinieblas para ver fuera en la oscuridad lo que dentro era una luz tan intensa? Si era luz, ciertamente lucía. ¿Qué es lucir sino generar luz a partir de sí mismo? ¿Qué luz genera de sí misma la luz al lucir, sino la propia luz que luce? ¿Acaso «luz» y «luciente» significan dos luces? Es la misma luz, pero es necesario hacer una distinción.

13. «Luz» significa solo que existe, es decir, designa solamente el ser de la luz; «lucir» muestra que una luz procede de una luz. Pero esto no quiere decir que la luz proceda de otra luz, sino que designa la misma luz en otro estado, de manera que la propiedad de la luz es otra, pero no la verdad de la luz. ¿Qué es lucir de verdad sino dar luz? Pero esta luz no es otra luz distinta de aquella que luce proveniente de la luz. La luz, aun siendo

es el Espíritu Santo, que es la paz imperturbable del Padre y del Hijo, su nexo firme, su amor indiviso, su unidad indisoluble»; Ricardus a Sancto Victore, *De Trinitate* 3, 20: «La unión de la tercera persona genera un afecto concorde generalizado y da origen a un amor social entre todas las personas».

cum existat lux, minime lucem praebet si non lucet; lucere autem, si non sit lux, omnino non valet. Lucere ergo de luce est et de utroque lucem est praebere.

14. Cum ergo dicitur solum hoc, lucem videlicet praebere, subintelligitur et quasi aliquomodo consignificatur lucere et lucem esse, de quibus est donum lucis seu praebitio. Cum autem dicitur lucere, subintelligitur similiter in eo lucem esse unde fulgeat, et quod lucendo illuminet, id est lucem praebeat. Cum vero lux tantum dicitur, subintelligitur quoque quod lucendo, id est lucem de se gignendo, lucem praebeat ac illuminet.

15. Verumtamen isti intellectus non tam ex proprietate vocum, seu differentiarum quas exprimunt ipsae, quam ex rei quam significant, id est lucis, natura indifferenti sive una consignificantur et cohabentur cuncti in singulis et singuli in cunctis. Una etenim lucis natura et tres proprietates tribus illis vocibus designantur.

16. Eia, fratres, quia Rachel parere non potuit, ancillam supposuit. Nam cum de luce illa inaccessibili nequivimus proprie dicere quod vere est, imaginaria usi contemplatione, per similitudinem et aenigma diximus quod longe dissimiliter simile est.

17. Cum ergo existat lux et de se lucem gignat qua videatur ipsa lux ac de sua ipsius natura praebeat se visibilem, ut eius dono naturali videatur per ipsam ipsa, nonne hoc in luce maxime amandum est eam que potissimum maxime amabilem facit, quod donabilis et capabilis et fruibilis ipsa est? Quo mihi omne quod potens est, forte, sapiens, iustum, bonum, si communicabile non est, si participari non potest?

6. Augustinus, *Soliloquia* 1, 8, 15, en PL 32, 877: «En el sol es necesario advertir tres propiedades: que es, que brilla y que ilumina. De la misma manera hay tres propiedades en el Dios secretísimo a quien quieres comprender: que es, que es comprendido y que hace que lo demás sea comprendido».

luz, no da luz si no luce. Por otra parte, si no es luz, de ninguna manera puede lucir. Luego el lucir proviene de la luz, y de estas dos cosas proviene el dar luz[6].

14. Cuando se dice solamente «dar luz» se sobreentiende y, de alguna manera se significa, «lucir» y «ser luz». De ambas cosas viene el don u ofrecimiento de la luz. Cuando, por otra parte, se dice «lucir», se sobreentiende de manera semejante que en este ser existe una luz gracias a la cual brilla, y que luciendo ilumina, es decir, da luz. Cuando finalmente solo se dice «luz», se sobreentiende que, luciendo, esto es, engendrando luz de sí misma, da luz e ilumina.

15. Pero estas reflexiones no se basan tanto en las propiedades de las palabras o en las diferencias que estas expresan como en la naturaleza sin diferencias de lo que significan, esto es, de la luz, de manera que estas tres realidades son designadas en conjunto y todo coexiste en cada una y cada una en todas. En efecto, a través de tres vocablos se designa la naturaleza única de la luz y sus tres propiedades.

16. Ved, hermanos, cómo Raquel, dado que no podía tener hijos, tomó a una sierva suya como sustituta (cf. Gn 30, 1-8). Nosotros, como no hemos sido capaces de decir de manera propia acerca de aquella luz inaccesible lo que es verdadero, nos hemos servido de un recurso imaginativo y hemos expresado por medio de una semejanza y de un enigma lo que es semejante en una desemejanza extrema.

17. Luego si la luz existe y engendra de sí misma la luz por la cual la propia luz puede ser vista y se hace visible en su propia naturaleza, de manera que, por el don de su propia naturaleza la luz es vista a través de la luz, ¿no es verdad que lo que debe ser sobre todo amado en la luz y lo que la hace extremadamente amable es que es susceptible de ser dada, recibida y disfrutada? ¿De qué me sirve todo lo que es poderoso, fuerte, sabio, justo y bueno si no es comunicable, si no se puede participar de ello?[7]

7. Isaac de Stella, *Epistula de anima* 34, 1-2: «Dios es comprensible a todos y participable por todos gracias a su don natural y al uso de este don».

18. Id ergo in luce diligi maxime facit lucem, quod per fulgorem praebet se visibilem et fruibilem, etsi non sit quod videat vel ea utatur; haec tamen est natura lucis, et, quantum in se est, semper se largitur. Unde in ea de ea naturaliter donum quoddam est ex eo quod lucet, lucere autem habet ex eo quod lux est. Itaque omnis usus eius ex munere eius, et ex ipso causa caritatis eius, id est qua cara habetur ac diligitur.

19. Sit ergo dilectio ex usu, usus ex munere, munus ex specie sive imagine naturali, id est nativo fulgore vel candore; utrumque vero munus et imago a lucis aeternitate, id est ab ipso lucis esse sive essentia. Quae quidem essentia in illa inaccessibili luce, quam, ut quimus, effigiamus in hac corporea luce, penitus de nullo est, et caeteris, id est fulgori et illuminationi, initium est.

20. Hoc ergo, Domine Deus meus, «illuminatio mea», in te maxime diligo unde te diligere queo et scire ac participare valeo, id est naturale donum tuum, scilicet quia naturaliter donabilis es et capabilis et fruibilis. Hoc etenim, Domine, quoties aliquid te postulo, attendo, id est Spiritum tuum sanctum, bonitatem naturalem ac gratuitam largitatem, non accidentalem aut temporalem, ex aliqua animi levitate vel occasione sumptam aut aliquo meo affectu sive studio vel opere excitatam, sed naturaliter aeternam, immutabilem, qua semper talis es.

21. Sed quoniam in te, qui Trinitas sancta es, Deus meus, lux vera, munus hoc lucis non a seipso est, nobis tamen totum ab ipso est, quibus datum est, quod aliqua

8. El Espíritu Santo es don dentro de la Trinidad. Isaac explica cómo todas las cosas participan de Dios para ser; y, según este ser, para encuadrarse dentro de alguna especie, y dentro de esta especie, para alcanzar un cierto uso. Todo lo que existe es mantenido por alguna especie, imagen o forma que le permite distinguirse de las otras cosas; además, por naturaleza posee un cierto don, porque no hay nada que exista para nada. Estos tres elementos se encuentran presentes

18. Esto es sobre todo lo que en la luz hace que la luz sea amada: que su brillo la hace susceptible de ser vista y de ser disfrutada, aunque no haya nadie que la vea y se sirva de ella. Y, sin embargo, esta es la naturaleza de la luz: mientras hay brillo en ella, siempre se da[8]. De ahí que en ella y de ella, por su propia naturaleza, haya siempre un cierto don porque luce. Pero es capaz de lucir porque es luz. Por eso todo uso procede de su don. De este don proviene la razón del amor, del amor por el cual es querida y amada.

19. En consecuencia, el amor viene del uso, el uso del don, el don de la manifestación o de la imagen natural, es decir, del resplandor o de la claridad nativa. Pero ambas cosas, el don y la imagen, vienen de la eternidad de la luz (cf. Sab 7, 26), esto es, de la propia existencia o del ser de la luz. La esencia, que está en aquella luz inaccesible (cf. 1 Tim 6, 16), la cual nosotros, en la medida en que podemos, nos imaginamos bajo esta luz corpórea, no procede absolutamente de nadie y es principio de lo demás, o sea, del resplandor y de la iluminación.

20. Esto es, Señor Dios mío, mi iluminación (Sal 26, 1), lo que más amo en ti, lo que me permite amarte, conocerte y participar de ti. Este es tu don natural, que por naturaleza seas susceptible de ser dado, recibido y disfrutado. Esto es, pues, a lo que aspiro cada vez que te pido algo: el Espíritu Santo, bondad natural (cf. Sab 9, 17; Lc 11, 13), gratuita y generosa, no accidental o temporal, que no es fruto de una cierta frivolidad de mi ánimo o de un deseo ocasional ni ha sido concebida por mis sentimientos, por mi celo o por mi acción, sino que es por naturaleza un don eterno e inmutable, gracias a la cual siempre eres así.

21. Pero en ti, que eres Trinidad santa, mi Dios, luz verdadera (cf. Jn 1, 9), este don de la luz no procede de sí mismo (aunque para nosotros todo proceda de él, a quienes nos ha sido dado

en todos los seres existentes y son como una huella de la esencia suprema, de la imagen suprema y del don supremo, que en la Trinidad se corresponden con el Padre, con el Hijo y con el Espíritu Santo respectivamente (*Epistula de anima* 34, 2-13). Isaac cita a renglón seguido a Hilario de Poitiers, *De Trinitate* 2, 1: *Infinitas in aeterno, species in imagine, usus in munere*, o sea, «la eternidad está en el (Padre) eterno, la visibilidad en la imagen, el uso en el don».

ex parte eo fruimur, sed a specie ac fulgore tamquam paternalis lucis prole, et per ipsam ab ipsa paterna luce – nam de luce, quia lucet, munus est lucis, et usus ex munere –: sub una veneratione, indifferenti caritate, in te veneramur et diligimus Spiritum sanctum, in quo et Filium, per quem et Patrem, a quo «omne datum optimum et omne donum perfectum».

22. Pater enim in nomine Filii, id est per Filium, dat Spiritum; Filius a Patre dat Spiritum; Spiritus autem a Patre et Filio dat seipsum. Nihil enim datur cui nihil debetur, nisi gratis, id est dono. Sed nec debitori dimittitur nec male merito bonum redditur, nisi dono magno, maiori, maximo. Et ideo totum aut datur aut dimittitur in Spiritu sancto; verumtamen ipse cum omni usu eius per Filium, per quem in Spiritu omnia donantur aut condonantur a Patre, principali quodammodo ac fontali bonitate, ex quo omnia.

23. Itaque, fratres, Trinitati Deo de hac sua luce et illuminatione gratias agentes, de caetero rogemus Patrem per Filium in Spiritu sancto revelari nobis quare voluerit foris exire, cui intus nihil deerat, foris adesse nihil poterat, et seminare quod nec intus deficere servatum, nec foris multiplicari satum.

Sed hic hodie fatigati pausemus, cras de alio dicturi initio quod dare dignabitur dator et datum aeternum, Spiritus sanctus, «cui honor et imperium in perpetuum». Amen.

disfrutarlo parcialmente), sino de la manifestación y del brillo, como progenie de la luz paterna y a través de ella de la propia luz del Padre. De la luz, porque luce, proviene el don de la luz, y su uso proviene del don. Por eso en ti veneramos y amamos al Espíritu Santo con una sola veneración y con una misma caridad, y en él también al Hijo, por el cual amamos y veneramos al Padre, de quien *viene toda dádiva excelente y todo don perfecto* (Sant 1, 17).

22. El Padre da el Espíritu en nombre del Hijo, esto es, a través del Hijo. El Hijo da el Espíritu a partir del Padre. El Espíritu se da a sí mismo a partir del Padre y del Hijo. En efecto, nada es dado a quien nada es debido a no ser que sea de manera gratuita, o sea, como un don. A un deudor nada le es perdonado, a quien no es merecedor nada le es restituido, a no ser que sea en forma de un gran don, un don más grande, un don excelente. Por eso todo es dado o perdonado en el Espíritu Santo. Y este, con toda la posibilidad de ser usado, es dado por el Hijo, a través del cual todo don y toda remisión son concedidos en el Espíritu Santo por el Padre, principio y fuente de bondad, del cual todo procede.

23. Así pues, hermanos, dando gracias al Dios Trinidad por esta su luz y su iluminación, roguemos también al Padre a través del Hijo en el Espíritu Santo para que nos revele por qué quiso salir aquel a quien en el interior no faltaba nada, ante quien nada podía presentarse en el exterior, y por qué quiso sembrar esta semilla que no podía disminuir en el interior si la guardaba ni podía multiplicarse en el exterior si la sembraba.

Pero hoy hagamos una pausa, puesto que estamos ya cansados. Mañana comenzaremos a exponer otro tema que tendrá a bien en darnos el dador y el don eterno, el Espíritu Santo, *para quien el honor y el poder eternamente* (1 Tim 6, 16). Amén.

IN EODEM FESTO VIII
[SERMO 25]

1. Indagantibus nobis, dilectissimi, causam universitatis finalem, primum occurrit nec necessitate Omnipotentem, nec cupiditate omnia Habentem, nec curiositate Sapientiam, nec vanitate Veritatem aliquid facere potuisse, sed gratuita voluntate et quodam propriae largitatis munere; neque de novo concepisse animo, sed ab aeterno in mente et voluntate habuisse quod tandem opere compleret. Cum enim talis sit naturae quae capi aliquatenus et participari possit, et in se de se iugi et stabili et ineffabili gaudio exsultet, pertinuit non solum ad naturalem bonitatem, verum etiam ad ipsius gaudii naturam, velle habere tanti et tam iucundi boni participem.

2. Neque sicut in nobis saepe curiositatis aut iactantiae vitium est internum gaudium non posse non communicare alteri, et quanto est maius tanto minus posse celare; sed ipsius naturalis largitatis est gratia et bonitatis natura, laetitiae quoque gratuitum ac naturale bonum velle sese in plures effundere aut infundere et in sui participium gratis colligere. Nam et largitas numquam potest esse avara, nec bonitas invida, nec caritas otiosa, nec laetitia quaerit esse occulta vel solitaria.

1. Ricardus a Santo Victore, *De Trinitate* 3, 2-4.

2. Platón enseña que el hacedor del mundo es bueno y por ello quiso que todo lo que hiciera fuera lo más semejante posible a él (*Timaeus* 29e). San Gregorio Nacianceno señala que el bien no se limita a contemplarse a sí mismo, sino

SERMÓN 25

1. De nuestra investigación, queridos hermanos, acerca de la causa final del universo resulta, en primer lugar, que quien lo puede todo no ha podido hacer algo por necesidad, ni quien lo tiene todo por ambición, ni quien es sabiduría por curiosidad, ni quien es verdad por vanidad, sino por su voluntad gratuita y por un don de su propia generosidad. Resulta también que no lo decidió en un momento dado, sino que había tenido en su mente desde la eternidad lo que finalmente cumpliría en forma de obra. Como por su propia naturaleza puede ser hasta cierto punto recibido y participado, como exulta en sí mismo y acerca de sí mismo con una alegría eterna, estable e inefable, fue consustancial no solo a su bondad natural, sino también a la naturaleza de su propia alegría el querer tener a alguien que participase de algo tan bueno y deleitable[1].

2. En nosotros el vicio de la curiosidad o de la jactancia hace que no podamos dejar de comunicar a otro nuestra alegría interna: cuanto más intensa es, menos la podemos ocultar. En él la gratuidad de su generosidad natural, la naturaleza de su bondad y el bien a la vez gratuito y natural de su alegría le llevan a querer difundirse o infundirse en muchos y unirlos a él para que participen de él de manera gratuita. En efecto, la generosidad no puede ser nunca avara, ni la bondad envidiosa, ni la caridad ociosa, ni la alegría quiere permanecer oculta o solitaria[2].

que se difunde para que numerosos seres puedan participar de él (*Oratio* 45, 5, en PG 36, 629A). También el Areopagita considera que el Bien comunica la bondad a todos los seres; y pone como ejemplo de ello al sol que, sin pretenderlo y solo por el hecho de existir, ilumina a todo lo que puede participar de su luz (*De divinis nominibus* 4, 1).

3. Fecit itaque, quando voluit, quae velle numquam coepit, indivisa Trinitas indivise naturam sui capacem, suae delectationis et iucunditatis et pacis et gaudii participio habilem, mentem rationalem videlicet ad imaginem suam de nihilo. Quia nonnisi nihil erat de quo primum aliquid faceret gratuita, sicut dictum est, largitate, et non naturae suae, ut nonnulli docuerunt, necessitate, quasi vacare non posset, sed naturali bonitate, tantum quia vellet. Felix tamen natura quae cogit benefacere: qui enim naturali bonitate cogitur benefacere, quid nisi gratis et libens facit?

4. Fuit ergo naturalis bonitas causa operis et interna mentis delectatio, operis dico rationalis spiritus et ipse, naturae corporeae omnis. Universa enim corporea natura spiritui servit rationali ad eruditionem et quodammodo suum loquitur principium, «et nihil est sine voce».

5. Ideo igitur factus est spiritus rationalis ut congaudeat et condelectetur Deo de Deo et de omnibus in ipso solo. Rationalis quidem factus, ut ipsum Deum in se et in omnibus investiget; concupiscibilis, ut solum diligat ac desideret; irascibilis, ut cuncta huic contemplationi et delectationi adversantia reprobet, sicut scriptum est: «Ut sciat», videlicet per rationalitatem, «reprobare» per irascibilitatem «malum et eligere» per concupiscibilitatem «bonum».

6. Solum ergo et summum spiritus creati rationalis bonum est, et finis naturalis, rationalis et moralis studii sive exercitii, id propter quod factus est: contemplari videlicet et delectari in Deo; via autem ad hanc mansionem, investigare et imitari, inquirere et desiderare, inquirendo desiderare et desiderando inquirere. Solum vero eius peccatum et malum, ab hac conversione ad Deum et investigatione et desiderio aversio, ut eo contempto aliud quaeratur et ametur.

3. La Trinidad indivisa creó de la nada, por medio de un acto indivisible, cuando quiso, lo que nunca comenzó a querer, una naturaleza capaz de recibirla y susceptible de participar de su delectación, de su felicidad, de su paz y de su alegría, es decir, una mente racional a su imagen. Solo existía la nada, de la cual Dios primero creó algo de manera gratuita, como se ha dicho ya, y no por una necesidad inherente a su naturaleza, según han enseñado algunos, como si no pudiera estar sin hacer nada, sino por su bondad natural, únicamente porque quiso. Bienaventurada es la naturaleza que obliga a hacer el bien. Quien es obligado a hacer el bien por bondad natural no hace nada que no sea de manera gratuita y libre.

4. Por lo tanto, la bondad natural y el deleite interior del pensamiento fueron las causas de la obra, es decir, del espíritu racional, quien fue a su vez causa de toda naturaleza corpórea. En efecto, la naturaleza corpórea en su conjunto está al servicio del espíritu racional para instruirlo y en cierta manera proclama su principio. En efecto, *no hay nada sin voz* (1 Cor 14, 10).

5. De este modo, el espíritu racional ha sido creado para que se alegre y se deleite con Dios acerca de Dios y de todas las cosas solo en Dios. Ha sido creado racional, para que busque a Dios en sí mismo y en todas las cosas; concupiscible, para que ame y desee solo a Dios; irascible, para que rechace todo lo que se opone a esta contemplación y delectación[3], como está escrito: *Para que sepa* –por la razón– *rechazar lo malo* –por la irascibilidad– *y elegir lo bueno* –por la concupiscibilidad– (Is 7, 15).

6. Por lo tanto, el único y supremo bien del espíritu racional creado, el fin de su actividad o ejercitación racional y moral es aquello para lo que fue creado: contemplar a Dios y deleitarse en él. El camino para llegar a este reposo es buscar e imitar, preguntar y desear, desear preguntando y preguntar deseando. Su único pecado y su único mal es el desistir de convertirse a Dios, de buscarlo y de desearlo, el rechazarlo y el buscar y amar otra cosa.

3. Isaac de Stella, *Epistula de anima* 8-10.

7. Eia, fratres carissimi, quid per multa currimus et anxie quaerimus quod difficile invenimus? Breve est quod satis est, prope quod perfectum. Gaudium est, amor est, delectatio et suavitas, visio, lux, claritas, quod exigit a nobis Deus, ad quod fecit nos Deus. Ordo et religio vera est id facere propter quod facti sumus. Contemplemur id quo nihil pulchrius, delectemur in eo quo nihil dulcius, irascamur omnino ista impedientibus. Omne exercitium nostrum tam laboris quam quietis, tam sermonis quam silentii, huc referamus. Quod enim huc non refertur, neque propter hoc fit a nobis, propter quod facti sumus a Deo, ut eadem sit operis illius et nostri causa atque intentio, nec virtus est nec remunerabile est.

8. Ibi enim et inde et id erit nobis factorum nostrorum remuneratio, ubi et unde et quod, ut fieremus, fuit muneratio. Id nobis principium et finis, finale principium et principalis finis, principium perfectum propter finem et finis infinitus propter iuge principium. Quod enim ubi incipit, semper finit, ubi finit, semper incipit, nec perfecto carere nec defectum potest incurrere.

9. In omni habitu, in omni loco, in omni persona, «religio munda et immaculata apud Deum et Patrem haec est». Sola haec sectanda, et propter hanc «immaculatum se custodire ab hoc saeculo». Sed quoniam actu difficile est in hoc saeculo conversari et ab eo non contaminari, etiam propter hanc fugiendum ab hoc saeculo. Verumtamen ab hoc tam suavi et amabili contemplationis otio, quo exercenda est omnis vis rationis, quo infigendus omnis nisus affectionis, quoniam sola inculpabiliter vel etiam laudabiliter retardat rationabilis dilectio et prospectio proximi, interposuisse creditur apostolus superioris sententiae tenori: «visitare pupillos et viduas in tribulatione sua».

7. Y bien, queridos hermanos, ¿cómo es que corremos por muchos lugares y buscamos con ansia lo que encontramos con dificultad? Lo que es suficiente es dicho con brevedad, lo que es perfecto está cerca. Es la alegría, el amor, la delectación y la suavidad, la visión, la luz, la claridad lo que Dios exige de nosotros y para lo que él nos ha hecho. La religión y el culto verdaderos consisten en hacer aquello para lo cual hemos sido creados. Contemplemos la belleza suprema, deleitémonos con la dulzura suprema, luchemos contra lo que impide esto. Que todas nuestras ejercitaciones, tanto en el trabajo como en el reposo, tanto en la palabra como en el silencio, sean dirigidas a este fin. Lo que no es dirigido a este fin no es hecho por nosotros según la finalidad para la cual hemos sido creados por Dios haciendo coincidir la razón y la intención de su obra y de la nuestra, ni es virtud ni es cosa merecedora de recompensa.

8. La remuneración que se nos dará por nuestros actos tendrá el mismo lugar de origen, la misma fuente y la misma naturaleza que el don por el cual hemos sido creados. Tal es nuestro principio y nuestro fin, principio final y fin principal, principio perfecto a causa del fin y fin infinito a causa del principio perpetuo. En efecto, todo lo que termina allí donde comienza, siempre comienza allí donde termina, y no puede carecer de perfección ni incurrir en imperfección.

9. En toda situación, en todo lugar, en toda persona *esta es la religión pura e inmaculada ante Dios nuestro Padre* (Sant 1, 27). Solo esta ha se ser observada y solo a causa de ella hay que *conservarse incontaminado de este mundo* (*ibid.*). Pero como de hecho en este mundo es difícil conservarse puro y no ser contaminado por él, también hay que huir de este mundo a causa de ella. Por otra parte, dado que solamente el amor racional y el cuidado del prójimo obstaculizan sin culpa e incluso de manera loable este ocio contemplativo tan dulce y agradable, en el que se debe ejercitar toda la fuerza de la razón, al que debe ser aplicado el amor con gran empeño, sin duda por eso el Apóstol añadió lo siguiente en la frase que precede: *visitar a huérfanos y viudas en su tribulación* (*ibid.*).

10. Itaque, fratres, omnis nostra, si vera est, disciplina, contemplationi et delectationi sive dilectioni semper insudet, aut solius Dei libero otio, aut proximi ordinato negotio. Sola enim proximi ex ordinata caritate suscepta sollicitudo ab hac contemplationis iugitate et vigilantia excusabiliter, quandoque et utiliter, animum inclinat. Nam quod corporalis exercitationis labori indulgemus, ut non desit unde «tribuamus necessitatem patienti», ipsi videlicet corpori adhuc animali, a proximi caritate non usquequaque alienum opinamur.

11. Quid enim proximius animo suo ipsius corpore, quod non solum diligere debet, sed odire non valet? Ipsum ergo quoniam anima adhuc vivens et necdum spiritus vivificans de se solo vivificare non sufficit, providere sibi rationabili ordine habet unde iuvetur extrinsecus ad id quod per se minus plene valet intrinsecus. Debitor enim carni est spiritus ut eam vivificet, non ut secundum eam vivat.

12. Omnis ergo cura aut delectatio quae in solo Deo non est, excepta, ut dictum est, caritate proximi propter Deum, superflua est et adulterina, et a causa quare homines sumus aliena, aversa a proposito Dei ad nos et officii nostri ad ipsum.

13. Videte itaque, fratres, quanto fervore spiritus et infatigabili nisu opus est nos, relegatis «cogitationibus quae sunt sine intellectu», a qualibus recedit Spiritus sanctus disciplinae effugiens fictum, intendere in illud deificum lumen quod ad veritatem illustrat et ad caritatem inflammat. Qui ut liberius id licentius que

10. Así pues, hermanos, que toda nuestra vida monástica, si es auténtica, se esfuerce por tender a la contemplación, a la delectación o a la dilección, ya sea a través del libre reposo que pertenece solo a Dios o del servicio bien ordenado en beneficio del prójimo. En efecto, solo el cuidado que hemos asumido del amor ordenado en beneficio del prójimo hace que el alma, sin culpa por su parte y a veces de manera útil, interrumpa esta contemplación perpetua y vigilante[4]. El hecho de que nos dediquemos al trabajo material para que no falte aquello con lo que ayudar a quien sufre necesidad (cf. Ef 4, 28), es decir, a nuestro propio cuerpo, todavía animal, no es, según nuestra opinión, en absoluto incompatible con la caridad hacia el prójimo.

11. ¿Qué está más cerca del alma que su propio cuerpo, a quien ella está obligada a amar, a quien ella no es capaz de odiar? Como todavía es alma viva y no espíritu vivificante (cf. 1 Cor 15, 45), no es capaz por sí misma de vivificar el cuerpo, sino que tiene que lograr que, según un orden racional, alguien desde fuera le ayude a hacer aquello que dentro no es capaz de hacer completamente. En efecto, el espíritu está en deuda con la carne para vivificarla, no para vivir según ella (cf. Rom 8, 12).

12. Todo cuidado o toda delectación que no se basa exclusivamente en Dios, con la excepción –como ya se ha dicho– de la caridad hacia el prójimo a causa de Dios, es superflua y una especie de adulterio, ajena a la finalidad de los seres humanos, opuesta a los designios de Dios hacia nosotros y a nuestras obligaciones hacia él.

13. Ved, pues, hermanos, con qué fervor de espíritu debemos alejar de nosotros los pensamientos sin inteligencia, de los cuales se aparta el Espíritu Santo, espíritu de disciplina que huye de la falsedad (cf. Sab 1, 5). Debemos volvernos hacia aquella luz deífica que con su claridad conduce a la verdad y con sus llamas inflama para el amor. Con el fin de poder hacer esto con mayor libertad y mayores posibilidades habéis confiado a otra persona

4. Aquí vemos cómo acción y contemplación son dos actividades mutuamente solidarias. A la contemplación se llega también a través de la acción en favor del prójimo.

possitis, etiam necessarias animalis corporis sollicitudines alteri superposuistis, quibus si labor indicitur, sollicitudo tollitur, cura interdicitur.

14. Sollicitudo etenim necessario turbat, sicut scriptum est: «Sollicita es, et turbaris erga plurima»; cura vera gravat, unde et illud Veritatis: «Ne graventur corda vestra in crapula et ebrietate et curis huius saeculi». Sollicitudo male sustollit, cura peius deprimit, acedia pessime dissolvit. Mens etenim in otio acediosa et fructum actionis perdit et contemplationis lucem minime invenit. Porro depressa curis, in altum se nonnumquam erigit; turbata, serena esse nequit. Cor enim quod tranquillum non est, serenum esse nullatenus potest; sin autem serenum, nec perlucidum.

15. Cor vero contemplantis perlucere oportet tamquam speculum aut aquam limpidissimam et quietam, ut in ipso per ipsum, sicut in speculo per speculum, videat mens suam ad imaginem Dei imaginem. Ad hoc ergo, dilectissimi, cor mundandum est Deum speculari cupientis, non solum a noxiis vel superfluis, sed etiam necessariis curis, et exercitandum lectione, meditatione, oratione. «Beati» enim «mundicordes, quoniam ipsi Deum videbunt». Quod ipse nobis praestare dignetur. Amen.

5. Esta frase nos lleva a un versículo paulino: «Ahora vemos como por medio de un espejo en un enigma, entonces veremos cara a cara» (1 Cor 13, 12). Para san Agustín, el conocimiento de Dios al que puede aspirar el hombre es solamente indirecto, a través de un espejo, que es la naturaleza humana, creada a imagen de Dios, y que a través del don de la gracia se hace más luminosa (*De*

los cuidados necesarios propios de un cuerpo animal. Entonces, si una tarea os es impuesta, la inquietud desaparece y la preocupación no encuentra lugar.

14. La inquietud necesariamente perturba, como está escrito: *Te preocupas y te inquietas por muchas cosas* (Lc 10, 41). El cuidado, por su parte, apesadumbra. Por eso el Señor proclama las siguientes palabras de verdad: *Que vuestros corazones no se hagan pesados por el libertinaje, por la embriaguez y por las preocupaciones de este mundo* (Lc 21, 34). La inquietud es un mal que excita. El cuidado es un mal peor, pues apesadumbra. La acedia es el peor mal, pues debilita. En efecto, el alma que en el ocio se entrega a la acedia pierde el fruto de la acción y no encuentra de ninguna manera la luz de la contemplación. Cuando el alma está apesadumbrada por las preocupaciones a veces se exalta, cuando está confundida no es capaz de estar serena. El corazón que no está tranquilo, de ninguna manera puede estar sereno. Si no está sereno, tampoco puede ser transparente.

15. Pero el corazón de la contemplación debe ser transparente como un espejo o como el agua cristalina, e inmóvil, para que en él y por él, como en un espejo y por un espejo[5], el espíritu vea su imagen, que ha sido creada a imagen de Dios. Para este fin, mis queridos hermanos, el corazón de quien quiere contemplar a Dios debe ser purificado no solo de las preocupaciones nocivas o superfluas, sino también de las que son necesarias; y ha de ejercitarse en la lectura, en la meditación y en la oración. *Bienaventurados los limpios de corazón, porque ellos verán a Dios* (Mt 5, 8). Que él mismo tenga a bien concedernos esto. Amén.

Trinitate 15, 8, 14). Guillermo de Saint-Thierry considera que todo conocimiento supone una asimilación al objeto conocido. Por ello es necesario renunciar a todo lo sensible para asimilarse a Dios por medio de la caridad (*Meditativae orationes* 3, en PL 180, 213C).

IN EODEM FESTO IX
[Sermo 26]

1. Naturali dono communicabilis gaudii sui facta a Deo mens rationalis, sicut prima et sola eius suscipit imaginem, ita potest cognitionem et amorem. Facta est enim capax capabilis Divinitatis per rationem et voluntatem, id est intelligendi et amandi facultatem, tamquam per vasa quaedam aut instrumenta naturalis conditionis, quae sicut primum gratiae donum creat ut sint, sic secundum replet ne vacua sint aut male plena.

2. Male autem plena sunt aut erroneo sensu aut perverso amore perfusa. Deo vero solo, a quo et ad quem creata sunt, bene repleri possunt, sed totum capere non possunt: «Maior est» enim «Deus», ait apostolus, «corde nostro et novit omnia». Post ipsum vero spiritu rationali creato sicut nihil prius, sic nec maius. Unde etiam si alio infundi potest, repleri tamen omnino non potest. Eapropter qui praeter Deum solum aliud cupit spiritus, quo plus bibit, plus sitit; et cupiditatis sive pecuniae sive potentiae et similium, dum extra Deum sufficientiam quaerit, saturari nequit. Maius est enim ipse quam omne quod imbibit.

3. Ipse ergo, sicut vas cui se sapientia et virtus Dei, ut cognitione ac caritate ipsius perfundat, infundit, ita est et ager ubi se sapientia eadem ac virtus seminat,

1. Isaac de Stella, *Epistula de anima* 36, 4-7.

SERMÓN 26

1. Dios, a través del don de su propio gozo, que es comunicable por naturaleza, creó el espíritu racional, primero y único en recibir su imagen, y de la misma manera susceptible de conocer y de amar. Fue creado, en efecto, como algo capaz de recibir la divinidad, que es susceptible de ser recibida a través de la razón y de la voluntad, o sea, a través de la facultad de comprender y amar. El comprender y el amar son como recipientes o instrumentos sujetos a la condición de su naturaleza: el primer don de la gracia es crearlos para que existan; el segundo es llenarlos para que no estén vacíos o poco llenos[1].

2. Están poco llenos cuando se ha vertido en ellos un sentido erróneo o un amor perverso. Solo el Dios verdadero, por quien y para quien fueron creados, los puede llenar adecuadamente, pero estos no lo pueden contener entero, pues *Dios es más grande*, dice el apóstol, *que nuestro corazón, y conoce todo* (1 Jn 3, 20). Aparte de Dios, nada hay que sea anterior o superior al espíritu racional creado[2]. Por eso, aunque se pueda verter en él otra cosa distinta de Dios, no pueden ser llenado por completo. A causa de ello, el espíritu que desea algo distinto a Dios, cuanto más bebe, más sed tiene. Busca satisfacer fuera de Dios sus deseos de dinero, de poder y de otras cosas semejantes, pero no logra saciarse, pues él mismo es más grande que todo lo que absorbe.

3. Al igual que él mismo es un recipiente en el que se vierte la sabiduría y el poder de Dios para llenarlo de conocimiento y caridad, así también es un campo en el que se siembran la propia

2. Por encima del espíritu creado se encuentra solamente Dios, cf. Augustinus, *In Iohannis evangelium* 23, 5-6; Isaac de Stella, *Epistula de anima* 2.

quatenus de tali semine cognitionis lux ac dilectionis fervor exsurgat.

4. Prima igitur gratia, qui nondum erat ager suscipiendo semini ac multiplicando idoneus creatur, id est naturalis, ut diximus, facultas intelligendi et diligendi, ex quibus liberum constat in mente rationali arbitrium. Secunda vero gratia in ipsum liberi arbitrii agrum semen verbi iam spargitur. Sic enim prius quae ardere possit lucerna componitur, et postmodum unde succendatur, ignis apponitur.

5. Seminatur itaque hoc in agro verbi semen secundum agri naturam intus et foris. Foris autem de Creatore loquitur rationali menti et verbum facit doctrinae omnis exterior creatura; intus vero ipsius intima rationalis natura; et super utrumque nonnumquam altius loquitur divinitus inspirata gratia.

6. Semper tamen sicut oculus carnis, cum habeat ex natura facultatem videndi et audiendi auris, numquam consequitur per se ex se visionis ac auditus effectum, nisi beneficio et gratia lucis et soni exterioris, sic nec spiritus rationalis, cum sit ex primo dono creatricis gratiae habilis ad videndum deificum lumen, nisi radio lucis superioris illustratus, nullatenus consequi poterit illius visionis effectum. Sicut enim solem non videt oculus nisi in lumine solis, sic verum et divinum solem ac lumen nonnisi in eius lumine mens videre poterit: «In lumine tuo», inquit prophetes, «videbimus lumen».

7. Quare sicut de sole exit unde sol ipse videri possit et sine quo non possit, nec tamen solem deserit quod de illo exit illum que ostendit, ita manens in Deo Verbum quod exit ab eo, mentem irradiat, ut primo

3. La teoría de la visión es desarrollada por Platón en *Timeo* 45bd. Para Platón, la luz exterior es de naturaleza semejante al fuego interior, que fluye a través de los ojos corpóreos. Cuando la luz natural cae sobre los ojos corpóreos,

sabiduría y el poder (cf. 1 Cor 1, 24) para que de tal semilla nazcan la luz del conocimiento y el fervor del amor.

4. Por la primera gracia, el campo que todavía no existía es creado apto para recibir y multiplicar la semilla. Esta es la facultad natural, como ya hemos dicho, de comprender y de amar, de la cual resulta el libre albedrío en el espíritu racional. Por la segunda gracia, la semilla de la palabra se esparce en el campo del libre albedrío. De la misma manera, primero se fabrica una vela que pueda arder y después se le acerca el fuego para que sea encendida.

5. Así pues, la semilla de la palabra es sembrada en este campo conforme a la naturaleza del campo, dentro y fuera. Fuera, toda la creación exterior habla del Creador al espíritu racional y le da una palabra de enseñanza; dentro, habla la naturaleza más profunda del propio espíritu racional. Por encima de ambos, a veces habla de forma más elevada la gracia inspirada de manera divina.

6. Aunque el ojo corpóreo posee por naturaleza la facultad de ver y el oído la facultad de oír, nunca consiguen por sí mismos el efecto de la visión y de la audición si no es por el beneficio y la gracia de la luz y del sonido exterior. Lo mismo sucede con el espíritu racional: aunque gracias al primer don de la gracia creadora es capaz de ver la luz divina, de ninguna manera puede alcanzar el efecto de esta visión si no es iluminado por un rayo de la luz superior. En efecto, igual que el ojo no ve el sol más que en la luz del sol, así también el espíritu no puede ver el divino y verdadero sol y su luz más que en su luz. *En tu luz*, dice el profeta, *veremos la luz* (Sal 35, 10)[3].

7. Del sol emana aquello que permite que el propio sol sea visto y sin lo cual el sol no puede ser visto; y, sin embargo, aquello que emana del sol y lo muestra no abandona el sol. Lo mismo sucede con el Verbo: permaneciendo en Dios sale de él e ilumina al espíritu para que este pueda ver primero el propio resplandor

lo semejante encuentra lo semejante. Entonces se produce un conjunto homogéneo que se transmite hasta el alma y produce lo que llamamos visión. Cf. Isaac de Stella, *Epistula de anima* 36, 7-17.

omnium ipsam lucis coruscationem sine qua nihil videret, videat et in ipsa caetera videat, ipsum quoque unde non deserens nec deserta coruscat.

8. Sicut enim lucem, quae de sole fulget, prius videt oculus carnis et in ipsa caetera videt, ipsum que radium sursum sequens, videt solem ipsum unde exit, unde micat radius qui ipsum illustrat tamquam proprio dono ac naturali beneficio: sic de illa inaccessibili luce exit fulgor, quem primo omnium mens videt, sine quo nihil videret, sursum que rapit, ut unde exit demonstret suae que originis fontem revelet, quod tamen minime faceret nisi inde exiret.

9. Ideo igitur inde exit ut illuminet, ideo illuminat quia exit, ut aliud sit ei naturale beneficium, aliud naturale principium; utrumque autem ab uno lucis fonte unde lucet ut illuminet et unde illuminat quia lucet. Nec tamen prius lux est et postea lucet tertio que illuminat; sed simul quia lux est, lucendo quantum in se est, semper illuminat, nec tamen statim aliquid illuminatur.

10. Sicut enim oculus qui videre possit, si in huius solis lumine crearetur, statim a praesentis solis radio sine ulla sui permutatione illustraretur, ac sine aliquo solis vitio vel vicissitudine obscurari casu vel prorsus excaecari posset illico, ut pene indifferens circa tempus esset creari, illuminari, excaecari: sic nimirum a lumine in lumine, quod ubique semper erat, creata mens quae non erat, ab eius praesentia statim perfunditur nec in ipso novum aliquid exoritur, et sine eius aliqua obumbratione in lucifuga spiritu statim obtenebratur;

de la luz, sin el cual no sería capaz de ver nada; y, asimismo, para que pueda ver las demás cosas en este resplandor y también a aquel de quien emana el resplandor, sin que este abandone a Dios o sea abandonado por él[4].

8. El ojo corpóreo ve primero la luz que brilla saliendo del sol, y en esta ve lo demás. Cuando el ojo sigue el rayo hacia arriba ve el propio sol del que sale el rayo, de donde resplandece el rayo que ilumina al ojo como por un don propio o por un beneficio natural. De la misma manera, de aquella luz inaccesible parte un resplandor que el espíritu ve primero, sin el cual no podría ver nada. Este resplandor arrastra al espíritu hacia arriba para mostrarle de dónde sale y revelarle su fuente y su origen, lo cual de ninguna manera podría hacer si no procediera de allí.

9. Así pues, este resplandor sale para iluminar e ilumina porque sale. Por eso el beneficio que está asociado a su naturaleza es una cosa y el principio de su naturaleza otra; ahora bien, tanto lo uno como el otro proceden de una única fuente de luz a partir de la cual brilla para iluminar y a partir de la cual ilumina porque brilla. Sin embargo, no es correcto decir que sea primero luz, después brille y en tercer lugar ilumine, sino que, porque es luz, brillando en la medida en que le es propio, ilumina siempre sin que cualquier objeto sea iluminado inmediatamente.

10. Imaginemos que un ojo capaz de ver es creado en la luz de nuestro sol: al momento sería iluminado por la presencia del rayo de este sol sin que este sufriera ningún cambio. Le podría suceder también que accidentalmente fuera oscurecido o de manera repentina cegado completamente, sin cambio o fallo alguno por parte del sol, de manera que apenas se pudiera distinguir en el tiempo el ser creado, el ser iluminado y el ser cegado. Lo mismo sucede con el espíritu creado: este, que no existía, fue creado por la luz en la luz que existía siempre en todas partes; al momento fue iluminado por la presencia de la luz, sin que en esta se produjera cambio alguno; y sin que la luz se oscureciera, el espíritu que huye de la luz se llenó de tinieblas. Es lo mismo que un rostro que cuando está

4. Cf. Isaac de Stella, *Epistula de anima* 36, 18-22.

sic nimirum vultus ad solem conversus illustratur, et immobili permanente sole aversus obscuratur.

11. Exiens ergo, iuxta quod dictum est, sator lucis ac verbi, Lux ipsa et Verbum, primum semen de sinu Patris seminavit gratis, id est dono Spiritus sancti, in angelicae naturae agrum, dum ei intus per naturalem rationem illuxit, et quasi praecepto naturae instruxit. Sed «dum seminat», in quibusdam «cecidit» semen «secus viam». Via enim, per quam venit ad creaturam beneficium Creatoris, caritas ac dilectio eius sola est et gratuita; via autem, per quam rationalis creaturae obsequium ascendit ad Creatorem, similiter caritas et dilectio eius est sola ac debita.

12. Cum ergo, ut dictum est, in angelis prius seminasset, aliis cum gratiarum actione ad Deum se a se convertentibus, humilitatis radicem deorsum mittentibus ac oboedientiae fructum sursum facientibus, sicut scriptum est: «Quod salvatum fuerit de Iuda, mittet radicem deorsum et faciet fructum sursum»; alii ad seipsos conversi, «evanuerunt in cogitationibus suis et reputantes se sapientes stulti facti sunt: obscuratum est» enim «insipiens cor eorum» tamquam aversorum a luce.

13. «Non» enim eum a quo illuminati sunt vel a quo tamquam ager sati, sicut decuit, «glorificaverunt»; sed seipsos efferentes, genuerunt de se cogitationes superbas, vanas et elatas, lucis quia humilitatis praedones, genitrices mentes conculcantes, rapientes eis beatum semen de corde, ne fructum caritatis de radice humilitatis ferrent in oboedientia. Tales sunt qui in veritate nec ad horam quidem steterunt, qualibus, ut diximus, circa tempus ferme indifferens fuit creari, illuminari, excaecari. Excaecavit enim eos sua malitia, quos creatrix illuminavit gratia. In his ergo sapiens Sator semen suum periisse non nesciit, nec tamen seminare adhuc messis avidus destitit.

vuelto hacia el sol es iluminado y cuando se pone de espaldas al sol es oscurecido mientras el sol permanece inmutable.

11. Como ya se ha dicho, salió el Sembrador de la luz y del Verbo, él mismo Luz y Verbo. Primero sembró gratuitamente la semilla desde el seno del Padre, esto es, por un don del Espíritu Santo, en el campo de la naturaleza angélica, iluminándolos por dentro a través de la razón natural e instruyéndolos como en un precepto de naturaleza. Pero mientras sembraba, en algunos cayó la semilla al lado del camino. El camino, en efecto, por el cual el beneficio del Creador vino a la criatura, es su sola caridad y dilección, que es gratuita. El camino por el cual el servicio de la criatura racional asciende al Creador es igualmente su sola caridad y dilección, pero en este caso debida.

12. Como ha sido dicho ya, después de que sembró primero en los ángeles, unos se volvieron de sí mismos a él en acción de gracias. Echaron por debajo las raíces de la humildad y en lo alto dieron el fruto de la obediencia, como está escrito: *Lo que se salve de Judá echará raíces por debajo y dará fruto en lo alto* (Is 27, 31). Otros, sin embargo, volviéndose hacia sí mismos, *se disiparon en sus pensamientos y considerándose sabios se volvieron estúpidos, pues su insensato corazón se entenebreció* (Rom 1, 21-22), como el de los que dieron la espalda a la luz.

13. No glorificaron como es debido a aquel por quien fueron iluminados o por quien fueron sembrados como un campo, sino que se exaltaron y concibieron en sí mismos pensamientos soberbios, vanos y arrogantes, que robaron la humildad, y por eso también la luz. Pisotearon los pensamientos fecundos, les arrancaron del corazón la buena semilla para que no pudieran dar el fruto de la caridad a partir de la raíz de la humildad en la obediencia. Así son los que no se mantuvieron ni siquiera un momento en la verdad (cf. Jn 8, 44). Para ellos, como ya hemos dicho, en lo que respecta al tiempo, no hubo diferencia entre el ser creado, iluminado y cegado, pues su propia malicia cegó a aquellos a quienes iluminó la gracia creadora. El sabio Sembrador sabía que en estos había muerto su semilla. A pesar de ello no dejó de sembrar, porque deseaba cosechar.

14. Sed «dum seminat, aliud cecidit supra petram». Petrosa ista terra humana est in Adam natura quae, seipsam in David experta iam que sui gnara, ait ad Dominum: «Anima mea sicut terra sine aqua tibi». Hanc secunda satione Dei Verbum seminavit, dum eam non solum intus munere rationalis animae «quae illuminat omnem hominem venientem in hunc mundum», sed etiam foris praecepto disciplinae illustravit, dicens: «De ligno scientiae boni et mali ne comedas».

15. Primo ergo seminavit in caelo, secundo in paradiso. Hic igitur cum gaudio verbum suscepit et ad horam stetit. Sed cum de seducta muliere tentationis aestus efferbuit, male suasae et peius suadenti pessime consensit. Et oboediens voci mulieris plus quam Dei, sicut in radice humilitatis ab humore caritatis iam intus exaruit, sic ab exterioris oboedientiae virore cito emarcuit.

16. Adiecit autem adhuc et tertio Seminator improbus seminare per Moysen in deserto: sed «dum seminat, aliud cecidit super spinas». Iudaei namque in observantiis mandatorum et praemiis observationum sola semper temporalia ac terrena attendentes, dum carnalibus solum inhiant, omnem spiritualis intelligentiae fructum in lege suffocant.

17. Verumtamen quia, sicut scriptum est, «labor improbus omnia vincit», etiam adhuc quarto, per semetipsum et apostolos post ipsum, Sator iste, Dei Filius factus hominis Filius, semen suum seipsum seminare adiecit in mundo, ubi «reliquiae Israel ac plenitudo gentium» tamquam terra bona cum gaudio susceperunt verbum et fecerunt fructum in solis et algoris patientia.

14. *Pero mientras siembra, otra semilla cayó sobre piedra* (Lc 8, 6). Esta tierra pedregosa es la naturaleza humana en Adán, tierra que, conociéndose a sí misma por experiencia en David, dice al Señor: *Mi alma es ante ti como tierra sin agua* (Sal 142, 6). Sobre esta tierra esparció el Verbo las semillas en una segunda siembra. No solo iluminó por dentro la naturaleza humana por medio del don del alma racional, *que ilumina a todo hombre que viene a este mundo* (Jn 1, 9), sino también por fuera por medio del precepto de disciplina con las siguientes palabras: *No comas del árbol de la ciencia del bien y del mal* (Gn 2, 17).

15. En primer lugar sembró en el cielo, en segundo en el paraíso. El hombre recibió con alegría la palabra (cf. Lc 8, 13) y se mantuvo por un tiempo en ella. Pero cuando hirvió el fuego de la tentación causado por la mujer seducida, cedió en muy mala hora ante la que fue víctima de un mal consejo y dadora de un consejo peor. Y como obedeció más a la voz de la mujer que a la de Dios, se secó por dentro en la raíz de la humildad y sin el agua de la caridad, y de la misma manera se marchitó rápidamente por fuera despojado del verdor de la obediencia.

16. El Sembrador infatigable quiso sembrar todavía una tercera vez, esta a través de Moisés en el desierto, pero *mientras siembra, otra semilla cayó sobre abrojos* (Lc 8, 7). En efecto, los judíos solo consideran lo temporal y lo terrenal en lo que respecta a la observancia de los mandamientos y a la recompensa por esta observancia, solo aspiran a lo carnal y ahogan en su ley todo fruto de la inteligencia espiritual.

17. Pero dado que, como está escrito, *el duro trabajo lo vence todo*[5], este Sembrador, el Hijo de Dios hecho Hijo del hombre, quiso todavía por cuarta vez sembrar su semilla por medio de sí mismo y, después de él, por medio de los apóstoles, es decir, sembrarse a sí mismo en el mundo, donde el resto de Israel y la plenitud de las gentes (cf. Rom 9, 27; 11, 25), como una buena tierra, recibieron la palabra con alegría y dieron fruto padeciendo sol y frío (cf. Lc 8, 15).

5. Vergilius, *Georgica* 1, 145-146.

18. Primum ergo seminatum est in caelo, secundo in paradiso, tertio in deserto, quarto in orbe universo: «Ite», inquit, «in orbem universum, et praedicate evangelium omni creaturae». Primo in angelis, secundo in primis hominibus, tertio in Iudaeis, quarto in gentibus. Primo praecepto naturae, secundo praecepto disciplinae, tertio mandato litterae, quarto Evangelio gratiae. Primo Verbum in ratione, secundo in voce, tertio in caractere, quarto in carne: «Verbum», inquit, «caro factum est, et habitavit in nobis». Primo rationi totum intus, secundo foris auribus, tertio etiam oculis, quarto simul et manibus. «Quod audivimus», inquit, «et vidimus, et manus nostrae tractaverunt de Verbo vitae».

19. Sic ergo, dilectissimi, per totum mundi tempus ista agri inventa est distinctio et auditorum differentia, sic nimirum cum ipsum Verbum per semetipsum praesens seipsum loqueretur in carne; sed et hodie cum nos vel alii semen eiusdem Verbi communiter spargimus, inveniuntur in auditoribus alii respuentes, alii reicientes, alii suffocantes, alii fructificantes in patientia, quod et angelus in constantia ac homo primus in sola potuit oboedientia. Primi ergo non concipiunt, secundi abortivum faciunt, tertii fetum vivum opprimunt, quarti cum pietate ac diligentia materna nutriunt. Quod interna sua sui satione nobis praestet Iesus Christus Dominus noster. Amen.

18. Así pues, primero se sembró en el cielo; en segundo lugar, en el paraíso; en tercer lugar, en el desierto, y en cuarto lugar, en todo el universo. *Id*, dijo, *por todo el mundo y predicad el evangelio a toda criatura* (Mc 16, 15); primero entre los ángeles, en segundo lugar entre los primeros hombres, en tercer lugar entre los judíos, en cuarto lugar entre los gentiles; en primer lugar por el precepto de naturaleza, en segundo lugar por el precepto de disciplina, en tercer lugar por el mandato de la letra y en cuarto lugar por el evangelio de la gracia; en primer lugar por el Verbo en la razón, en segundo lugar en la voz, en tercer lugar en la letra, en cuarto lugar en la carne: *El Verbo*, dice, *se hizo carne y habitó entre nosotros* (Jn 1, 14); primero todo interiormente para la razón, en segundo lugar todo exteriormente para los oídos, en tercer lugar también para los ojos, en cuarto lugar asimismo también para las manos. *Lo que hemos oído*, dice, *y lo que hemos visto y lo que han tocado nuestras manos acerca de la Palabra de vida* (1 Jn 1, 1).

19. En consecuencia, mis queridos hermanos, a lo largo del tiempo hemos podido constatar esta diversidad en el campo y estas diferencias entre los oyentes. Así fue en el momento en el que el propio Verbo, presente en la carne, se habló a sí mismo por sí mismo. También hoy, cuando nosotros u otros esparcimos públicamente la semilla de este mismo Verbo, constatamos cómo unos oyentes la rehúsan, otros la rechazan, otros la asfixian, otros dan fruto en la paciencia, como pudo hacer el ángel en la constancia y el primer hombre solamente en la obediencia. Los primeros no la aceptan, los segundos la rechazan como fruto prematuro, los terceros asfixian el fruto que ya está vivo, los cuartos alimentan este fruto con su piedad y los cuidados propios de una madre. Que Jesucristo, nuestro Señor, nos conceda esta gracia en su siembra interior. Amén.

ÍNDICE DE REFERENCIAS BÍBLICAS

ANTIGUO TESTAMENTO

NUEVO TESTAMENTO

ÍNDICE DE OBRAS CITADAS